懂心理，
做好班主任

王　雅　汪永智　王太贵　主编

SPM
南方传媒 ｜ 广东人民出版社
·广 州·

图书在版编目（CIP）数据

懂心理，做好班主任 / 王雅，汪永智，王太贵主编. —广州：广东人民出版社，2025.3

ISBN 978-7-218-17517-1

Ⅰ.①懂… Ⅱ.①王… ②汪… ③王… Ⅲ.①中小学—班主任—教师心理学 Ⅳ.①G443

中国国家版本馆CIP数据核字（2024）第079636号

DONG XINLI, ZUOHAO BANZHUREN

懂 心 理 ， 做 好 班 主 任

王 雅 汪永智 王太贵 主编

版权所有 翻印必究

出 版 人：肖风华

责任编辑：王庆芳 张 瑜
责任技编：吴彦斌 赖远军

出版发行：广东人民出版社
地 址：广州市越秀区大沙头四马路 10 号（邮政编码：510199）
电 话：（020）85716809（总编室）
传 真：（020）83289585
网 址：http://www.gdpph.com
印 刷：广州市豪威彩色印务有限公司
开 本：787 毫米 × 1092 毫米 1/16
印 张：12.75 字 数：192 千
版 次：2025 年 3 月第 1 版
印 次：2025 年 3 月第 1 次印刷
定 价：39.80 元

如发现印装质量问题，影响阅读，请与出版社（020-85716849）联系调换。
售书热线：（020）85716863

本书编委会

主　　编：王　雅　　汪永智　　王太贵

副 主 编：王　凯　　王一冕　　龚洁娴

　　　　　张　宵　　王帅飞

编　　委：刘　月　　洪洁州　　夏敏慧

　　　　　朱奕威　　叶秋霞　　梁凯潮

　　　　　蔡　颖

序

汪永智

　　《广东省教育厅关于中小学心理健康教育工作规范指引》指出，"班主任要通过班会课和班级日常管理渗透心理健康教育"。这对班主任工作提出了更高的要求——在班级工作中灵活运用心理学知识，将班主任工作与心理健康教育进行有机结合。

　　然而，在实际教学过程中，面对繁重的教学任务与班级日常工作，班主任已然分身乏术，更不用说再去系统学习专业的心理学知识并加以运用。本书以心理学理论为基础，以中学生为目标群体，结合班主任工作的实际，为广大班主任提供切实可行的工作指南。

　　心理学家埃里克森将人的发展分成8个阶段。其中，中学生对应的阶段是青春期，这一时期的学生正面临身心发展的急速变化，需要解决自我同一性建立和角色混乱的冲突，达到自身与环境的平衡。因此，学生要不断提高自我调节能力，认识到理想我与现实我之间存在差距是正常的，并努力缩小二者之间的差距，同时处理好自我与社会的关系，建立起自我同一性。

　　结合中学生心理发展阶段的特点和班主任工作的需要，以时间为脉络，本书设置了8个单元：针对新生心理问题进行识别、筛查与干预——"初识学生心理"；帮助学生快速适应校园，制定合理目标——"适应与制定目标"；营造和谐的生生、师生、亲子和宿舍人际关系——"建立和谐关系"；学习动机的激发、学习策略的使用和学习计划的制订——"学会正确学习"；促进学生自我了解、自我探索——"认识全新的自己"；帮助学生学会情绪管理——"管理复杂情绪"；引导学生建立健康的爱情观——"应对恋爱难题"；与学生一起探索未来的职业规划与发展——"职业生涯规划"。在单元下设置有相应的主题，每个主题均设置了"主题活动篇""个人辅导篇"和"实践者说"3个部分。"主题活动篇"适用于针对学生的共性需要开展活动，对活动各个步骤的具体操作、活动分享的注意事项，以及期望达到的效果作了详细的阐述；"个人辅导篇"则是由班主任在班级事务中遇到的具体问题和对应的回答组成，能解答教师针对学生个体开展简单的心理辅导时的困惑；"实践者说"则是由担任过骨干班主任的心理老师，针对本主题的活动，提供自己实际操作过的经验和思考。

本书具有以下4个特点。

（1）可操作性。本书中"主题活动篇"对活动的开展进行了具体而详细的规划，班主任不仅可以按照书中介绍的步骤执行，还能根据实际执行的效果与书中强调的注意事项进行调整，进而达到最佳效果。针对这一目的，随书还附赠了相应的PPT课件资源，以方便各位班主任使用，减少备课和活动准备的时间。

（2）可读性。本书针对班主任群体特别编写，内容言简意赅、通俗易懂，使广大班主任能够"拿起就用"。

（3）针对性。班主任是班集体的组织者、管理者和指导者，是与学生相处时间最长的人，也是最能够落实心理健康教育的人。本书从班主任的视角出发，以班主任工作内容的进展作为书的编写顺序，为班主任工作提供了参考。

（4）全面性。本书整合了专业心理老师与骨干班主任的意见，并针对班主任的问题给出切实的建议，能够解答班主任工作中的大部分困惑。

目录

CONTENTS

第一单元

初识学生心理

主题1 快速了解学生心理

（一）做学生心灵的守护者

多项研究发现，中学生的心理问题检出率总体呈现上升趋势①，对学生心理健康状况的担忧俨然成了班主任的"心头病"。因此，对学生心理健康状态做到早了解、早知道、早干预就显得尤为重要。尤其是面对新同学，在彼此还没有深入接触时，快速了解他们的心理状况，是每位班主任最需要掌握的重要技能。

教育是一颗心灵影响另一颗心灵。作为一名优秀的班主任，应善于捕捉学生日常的行为、语言、肢体、神态、动作等，并能够分析其中的隐藏信息，通过及时干预，帮助学生排解负面情绪，降低诱发心理问题的风险。实施健康教育的第一步就是了解学生的心理健康状况。

（二）主题活动篇——识别学生心理"五步曲"

班主任可以通过多种途径来了解学生心理，我们根据时间顺序整理出了识别学生心理的"五步曲"，一起来学习一下吧！

第一步：查阅学生档案

档案是记录学生各项基本情况的重要材料，在开学前，班主任可以通过

---

① 参见张亚利、靳娟娟、俞国良：《2010～2020中国内地初中生心理健康问题检出率的元分析》，《心理科学进展》2022年第5期；俞国良、黄潇潇：《学生心理健康问题检出率比较：元分析的证据》，《教育研究》2023年第6期。

档案对学生进行了解，其中一些指标可以为我们提供潜在的信息。例如，家庭是学生成长早期最重要的微观环境，对学生的心理发展有着深远的影响，班主任应关注学生的家庭情况。其中，是否离异以及家庭结构是否异常是我们关注的重点，离异意味着缺失，对学生的心态和情感都会造成影响；家庭结构异常也代表着不稳定的家庭关系，如在家庭成员信息中缺少爸爸、妈妈，反而加入了其他关系人，这也提示可能存在潜在的问题。除此之外，档案中可能会包含是否残疾以及心理疾病史等信息。例如，残疾学生可能有潜在的被歧视、被排斥的经历；有心理疾病史的学生可能仍然存在相关的心理病症。对以上这些信息的把握，有利于我们对特定学生进行关注和观察。

第二步：采集信息与观察

首先，在开学初，班主任可以让学生对个人基本信息进行再次填写，这样既可以核实学生档案中信息的准确性，又可以通过让学生描述自身的心理健康水平或者为心理健康水平打分，例如，"你觉得自己当前的心理健康水平如何？请在0～10分的范围内为自己打个分吧（0分代表心理健康水平最差，10分代表心理健康水平最高）"，以此来了解学生的心理健康状况。

其次，班主任要根据学生所反馈的个人信息进行进一步的观察。班主任通过看、听，仔细观察并了解学生在言语、非言语、行为、情绪、思想、人际等方面的变化与异常，进而为分析学生的心理健康状况收集素材与信息。

最后，班主任要了解相应学段学生的话语体系，培养其敏锐的观察力与识别能力，尊重不同学生的差异，要多观察、多记录，逐渐了解班级中每位学生的兴趣、专长、性格、特点等。例如，班主任可以观察学生的课堂表现、交友情况、日常活动、衣着服饰，在集体活动中的表现、情绪反应等。

第三步：开展主题班会

班主任可以在开学初，以"开学第一课"为主题开展初次见面主题班会，不仅可以增进同学间、师生间的相互了解，还可以进一步了解学生的心理健康状况。这里我们提供了一个示例，供班主任们参考。

主题班会——初相识

📖 设计目标

引导学生相互认识，增进了解，帮助学生快速适应新的环境，建立新的人际关系，并通过创作活动呈现学生的心理健康状态。

📖 实施步骤

★ 步骤1：播放歌曲（3分钟）

设计意图：通过播放音乐达到舒缓气氛的效果，让学生沉浸到歌曲的意境中，深刻感受相逢是一场奇妙的际遇。

播放歌曲：《相逢是首歌》。

> **班主任语** 同学们，我们相聚在这里，是一种奇妙的缘分，以后我们将共同学习、生活，我们将成为一个集体，彼此间相互团结、信任，接下来请随着歌声，静静地感受这场奇妙的际遇。

★ 步骤2：自我介绍（15分钟）

设计意图：让学生相互介绍，加深对彼此的了解，增进同学间的情谊，帮助学生更快地适应新环境、新集体。

活动：初相识。

规则：两人一组做介绍：我叫_____，家住_____，我的爱好是_____，我的理想是_____。对方：哦，明白了，你叫_____，家住_____，你的爱好是_____，你的理想是_____。

仪式：握手或是钩小指，同时大拇指相对。"认识你真高兴"，再次握住对方的手，体验一下这种感觉。最后，向全班同学分享你的感受。

> **班主任语** 同学们，现在两位同学已经相互认识了，接下来，请这个两人小组

去找到另一个两人小组，互相介绍你们各自的伙伴，然后合并组成一个新的四人小组。介绍完毕后，请大家一起思考一个能代表你们小组的口号。

班主任语　我们现在正处于新环境中，在这里大家会度过未来的3年，就让我们与身边的同学携手，开启我们崭新的生活。

★ **步骤3：我的"心"模样（15分钟）**

设计意图：通过绘画的方式，促进学生之间的了解，并以此获取学生的心理健康状况。

活动：绘制我的人像图。

规则：每位同学在A4纸上绘制自己的人像图，绘制完后思考两个问题：①这幅人像图有什么特点？②这个人像的心中有没有困扰？如果有，是什么？思考完毕后，在小组内分享你的作品及思考结果。

班主任语　在刚才的环节中，每位同学都分享了所画人像图的特点以及各自的困扰。那么接下来请每组中的一位同学针对其他3位同学的困扰写上你想到的处理办法。

班主任语　相信大家都对自己和身边的同学有了更清晰的认识，同时对自己的困扰形成了更全面的看法，也感受到了被支持的力量。当我们遭遇困扰时，也希望大家能够积极求助身边的朋友，学会正确处理问题。

★ **步骤4：结尾（7分钟）**

活动：赠相识。

规则：为你身边3位同学的人像图各写上一段话，可以是对他的印象、活动中的感受或者对他的祝福。

播放歌曲：《相亲相爱的一家人》。

班主任语 让我们在歌曲中，将赠语传递给身边的同学，给他们一个大大的拥抱，感恩我们的相识。

注：班主任可以在课后将每位同学的人像图收集起来，通过人像图了解学生的心理健康状况。

知识拓展

心理分析——自画像

自画像中的一些特征能够传达出作画者的心理状况，例如，画像的大小、位置和面部特征等，可以传递出作画者的迷茫、痛苦和烦恼，也可以传递出他们的快乐、兴奋和自信。自画像往往反映的是作画者当时的心理状态，所以当你把同一个人不同时期的自画像放在一起比较时，还能够感受到作画者心态的变化情况。

第四步：心理筛查

通过查阅档案、观察现象和引导创作等途径，此时班主任对心理异常学生有了初步的了解，为了进一步识别学生的问题，班主任可以使用心理测评工具进行测查。

知识拓展

心理测评

心理测评的实质是对行为的测量，这些行为主要是外显行为而不是心理活动，是一组行为而不是单个行为；心理测评是对一组行为样本的测量，即所测量的行为样组是有代表性的一组行为，任何个体在不同时间、空间下的行为表现是不尽相同的，所测评的行为抽样不同，则所得到的结果就会不同；心理测评的行为样组往往是概括化的模拟行为；心理测评是一种标准化的测验，其核心特征体现在测验编制、实施流程、计分规则以及结果解释等环节的严格一致性；心理测评也是一种力求客观化的测量。

心理测评可以从智力、能力倾向、创造力、人格、心理健康等方面对个体进行全面的描述，说明个体的心理特性和行为。通过这一测评，我们不仅可以细致地分析一个人的各项心理特征，还能将这些特征进行相互比较，从而了解其相对优势和不足，探究行为变化的原因，为决策提供信息。

第五步：开展访谈对话

为了能减少误判，我们有必要再进一步评估学生是否真的存在心理问题，并根据问题的性质和严重程度，决定是否需要对学生进行危机干预或者转介给心理老师等。班主任可以借助心理访谈评估，对学生做进一步的了解和分析，做到对心理问题的早发现、早预防、早干预。

（三）个人辅导篇

辅导原则

原则1：耐心观察

班主任与学生沟通时，除了倾听学生的表述之外，还要注意观察学生的一些非言语行为，例如，肢体动作、神态表情和目光注视等。刚入学的学生往往表现出一种警惕态度，由于还未和新老师建立信任关系，他们通常不愿主动分享自己的想法。班主任需要耐心观察他们的非言语行为，例如，有些同学对于老师的问话会表示沉默，但一方面肢体又会不断摆动，这可能是学生在缓解局促和焦虑，此时班主任要表达对学生紧张情绪的理解，引导学生逐渐放松，使他们的心情能够慢慢平复下来。

原则2：积极倾听

班主任要做到倾听学生的心声。部分班主任在面对学生的问题时缺乏耐心，认为明明很简单的问题学生却难以解决，出现这种情况的原因是班主任没有做到共情。学生到了新环境，缺乏安全感，容易产生畏难心理，此

时他们向班主任求助就代表了一种信任。所以，班主任对于学生主动的求助行为要重视，积极倾听学生话语并深入探究其话语背后所隐含的信息和情感需求。

原则3：多方面判断

班主任在评估学生的问题时，不能轻率地根据单一心理特征就下结论。当班主任意识到学生存在问题时，可以先通过学生舍友、班干部和家人等其他途径进行验证。对于部分无法辨别的学生问题，可以求助于心理老师。

📖 常见问题与辅导策略

◆ **个案分析1**：马上要带班了，我总是会担心做不好班主任的工作，压力很大。

◆ **辅导策略**：班主任既要建班也要育人，即个体教育与集体教育相结合。面对中小学生层出不穷的成长问题，特别是新时代背景下出现的新问题，没有固定的做法可套用，做不好或暂时不能解决问题是正常的。那么，当新学期担任班主任成为既定事实后，班主任如何从心里发慌到底气十足呢？

1. 接纳情绪，找到切入点

班主任不仅是教师的一种身份标识，更是一个承载着多重角色与职责的复合型教育枢纽。上岗前感到紧张或不安恰恰是教师有责任心、在乎学生和班级未来发展的具体表现。恐惧来源于未知，因此"紧张峰值"常会出现在新角色的准备中。班主任此时可以问自己一个问题："我在紧张的情况下，能/想做点什么？"例如，翻阅学生档案，可以初步了解学生情况；建立家长微信群，便于与家长进行沟通和互动；认真写一封信或者拍一条微视频，向学生和家长介绍自己，赢得良好的第一印象，拉近彼此关系。

寻找一个适合的切入点，满足自己在班主任角色准备过程中的某种需求，在行动中调适自己的情绪，构建对班级管理脉络的掌控力，逐渐进入角色。

2. 认识自我，找准优势点

教育的场域决定了教育的效果。教师不同、学生不同、家长不同、团队不同、地域不同……这些教育中的变量结合在一起就形成了不同的教育情境。教育是因材施教，也是因境施教。每一位教师都是宝藏，大家应当先找准优势点。

班主任个人情况分析

【性格特点】＿＿＿＿＿＿＿＿＿＿＿＿＿＿＿＿＿

【兴趣爱好】＿＿＿＿＿＿＿＿＿＿＿＿＿＿＿＿＿

【学生时代】＿＿＿＿＿＿＿＿＿＿＿＿＿＿＿＿＿

【学科特点】＿＿＿＿＿＿＿＿＿＿＿＿＿＿＿＿＿

选择上述任意一点，探讨其在班主任工作中可以发挥的作用。思考一下自己的不足之处，你会采用什么方法来改进（备注：可填写恰当的形容词完成前4行内容）。

假如一位教师在【性格特点】一栏中填写的是"活泼开朗"，那就思考"活泼开朗"在班主任工作中可以发挥怎样的优势。这类性格的班主任往往会有很多新点子、小创意，设计的活动深受学生喜欢，他们很容易通过设计丰富有趣的活动对学生产生积极的影响。

通过这样的方式，充分地认识自我，找准优势点，先聚焦再发散，班主任工作就轻松上手了。

3. 他山之石，找足学习点

分析了自己的优势和不足，就会出现"知识空缺"，班主任进而可以辩证地看待自己的优缺点。

比如，班主任对主题班会的设计与实施很感兴趣，有自己的想法，尝试系统设计了一个学期的班会主题。接下来每节课怎么准备、如何调研学情、如何制定班会目标、如何围绕目标设计班会环节、用怎样的形式来达成等，就需要多参考成熟的班会案例。

再如，班主任认为自己经验不足，不足以获得充分的家校合力，就要重点关注家校合育方面的主题，分析家长的类型，考虑家长的需求，学习家校沟通的技巧，从而补足短板。

4. 勾勒蓝图，找出目标点

正如上课前要备课，上台前需预演，班主任正式上岗前需要对班级的发展规划进行畅想，勾勒出班级成长的蓝图，初步制定班级发展目标。有了明确的目标，才会有清晰的发展路径和带班策略。

学生特点不同，班级文化不同，班级的发展阶段就不同。例如，有的班级学生秩序感很好，规则意识较强，班级可以快速走上正轨；有的班级因个别学生问题较多，影响班级整体，班主任就要有针对性地开展个别教育，进度相对要放慢。因此，要做到"因地制宜"。

◆ 个案分析2：不知道怎么去判断哪些学生存在心理问题，感觉学生心理难以捉摸。

◆ 辅导策略：对于学生而言，当他们在生活中经历了自然、社会尤其是个人的重大事件时，他们的自我控制与调节的能力会受到极大的考验，尤其是当面对涉及情感关系的丧失、青春期的内心冲突、人际关系的持续紧张、新环境的适应等方面的个人危机事件时，学生的心理行为表现往往更容易偏离常态。班主任可以从以下几个角度着手进行判断。

1. 学业表现异常

对于中小学生而言，内在心理状态的不稳定，很多时候会直接反映在他们的学业上，比如，成绩突然下滑、无心上学或对学习失去兴趣、无法完成课业、旷课或逃学次数增加等，学业表现异常的背后往往能够挖掘出需要关注的心理困扰。

2. 人际交往退缩

人际关系也是发现问题的重要途径之一。当学生的人际交往整体表现出退缩的倾向，比如，疏远同伴及家人、对人际交往毫无兴趣、长时间独处或者突然想要回家，都是在提示我们需要重视他的心理状态。

3. 情绪显著不稳定

情绪表现往往是帮助我们观察和判断学生心理状态的直观指标，尤其在经历了刺激较强的个人危机事件或有情绪障碍的学生身上更是如此，当学生表现出无故哭泣、恐惧，情绪异常低落、麻木，烦躁冲动、焦虑不安，情绪较以往反常或突然变化等情况时，尤其需要我们进一步关注。

4. 行为明显异常

年龄小的孩子，心理状态经常会通过外显的行为体现出来，从而在一定程度上展现心理的变化。如果某学生行为表现上越来越冲动，故意挑衅他人，反常地不注重个人卫生或仪容，甚至出现探索自杀方法等明显异常的情况，那么这位学生很可能正面临心理健康问题。

5. 认知功能异常

有些学生在认识自己以及和自己相关的环境时，会对认识对象做出歪曲、虚假的反应。实际上是因为他们在生活中的想法、观点、看法、意见等与正常人的观点存在差异。他们会把在学习生活上的失败归咎于外在因素，表现为严重自卑或过度自信，这时我们就要意识到学生可能存在心理问题。

特殊学生处理

当班主任遇到一些棘手的、无法处理的问题，例如，有些学生出现自伤、自杀、绝食、情绪狂躁，或者长时间一个人独处等表现时，要及时告知心理老师给予学生帮助。

（四）实践者说

做新生班的班主任是一项巨大的挑战，正如书中说的，那种源于未知的不确定感——不知道自己会遇到什么样的学生、遇到什么问题，常常令人心生焦虑。然而，在阅读了这本书后，我对班主任的工作特别是学生心理方面的工作有了更深刻的了解，这份新知不仅增强了我胜任工作的信心，更让我学会了识别并有效辅导学生的心理问题，从而消除了我的后顾之忧。

微信扫码
- 教育心理学
- 精品入门课
- 心灵体检室
- 知识资讯站

主题2 异常心理的处理方法

（一）正确看待异常心理

在班级管理实践中，常见这样一种情况：即使班主任察觉到了学生的异常心理，也常常难以妥善应对。因此，教师除了教授学业之外，还要对学生的心理问题进行深入探索和研究。

班主任需要认识到，异常心理是学生在成长过程中可能遇到的一种正常现象，不应对此谈之色变。异常心理是指个体在认知、情感、意志和人格等方面偏离了大多数人所具有的正常心理活动和行为。大部分异常心理都能通过自行调节或者辅导来解决，只有少部分异常心理需要治疗。所以，我们应该秉持科学、客观的态度，引导学生正视异常心理，并采取适当干预措施，对存在异常心理的学生做到"对症下药"。下面就让我们一起来破解异常心理的奥秘吧！

（二）主题活动篇

主题班会——发现情绪的奥秘

设计目标

教授学生排解烦恼的方法，使学生学会笑对生活中的不如意，做一个快乐的人；学会更好地调节自己的情绪，使自己保持积极健康的心理状态。

实施步骤

★ 步骤1：导入（8分钟）

设计意图：引发学生情绪体验，激发学生学习兴趣，引出学习主题。

> **班主任语** 我们都渴望与快乐为伴，日日欢笑，分分秒秒喜悦。然而，在生活的旅途中，在学习的道路上，我们难免会遇到各种令人烦恼的事情，让我们产生复杂的心理变化。同学们，今天请大家跟随老师的步伐，一起来细细感受自己的心理动态，学会应对异常反应。

> **班主任语** 请同学们闭上双眼，全身放松，想象在以下不同的情境之中，感受自己的情绪反应。情境1：自己的日记本被妈妈翻看了；情境2：电影还有5分钟就开始了，我却被堵在了路上；情境3：明明自己没有抄答案，却被老师误会，并因此受到惩罚；情境4：考试结果不理想，又要挨父母的批评了；情境5：正在偷偷玩手机，突然爸妈回家了；情境6：老师让结对玩游戏，其他同学都有同伴，我却落单了。

★ 步骤2：神奇的情绪（12分钟）

1. 情绪连环画

设计意图：加深情绪体验，引发学生思考。

> **班主任语** 刚刚我们在情绪事件中体验了自己的心理变化，我们在生活中不仅会体验到愉悦，也会产生愤怒、尴尬、委屈等消极情绪，并且容易沉浸在情绪事件中。但是同学们，我们的心理活动是非常神奇的，它是可变的，我们通过一幅连环画再次深入体验心理变化，请一边看图片，一边记录你的情绪。

情绪连环画

第一幕：某一天，你很认真地做了一个飞机模型，准备带回学校交给老师。

第二幕：突然发现路边有一张50元钱，于是，你把模型放在长椅上。

第三幕：正当你弯腰把50元捡起的时候，发现有人坐在长椅上，正好把你的飞机模型压坏了。你会有什么情绪反应？

第四幕：然后你仔细一看，发现这个人原来是个盲人，你又会有什么情绪反应？

班主任语　跟随连环画的变化，相信大家的情绪反应也发生着起伏，起先因为用心制作的模型被压坏而产生的愤怒，也因为得知"肇事者"是一位盲人而消散大半，请大家回顾情绪体验并思考为什么会发生这种变化。

班主任语　心理活动是我们对客观事物的主观反映过程，取决于我们自身，这也导致同样的事件发生在不同的人身上会出现不同的结果。

2. 播放《秀才赶考》视频

设计意图：引导学生认识心理活动产生的原因，并学会应用认知转变的方式来调节心理反应。

班主任语　通过这个视频相信大家也都能明白，我们对事物的不同解读会产生不同的结果，视频中秀才的梦通过店主的解读，从原来消极的梦变成了积极的梦。就像我们的情绪体验，很多时候消极情绪的产生是因为我们对它的消极解读，如果换个角度解读，可能消极情绪就会消失，甚至转变为积极情绪。

★ **步骤3**：问题帮帮团（20分钟）

1. 问题帮帮团

班主任语　接下来我们进行一个活动，叫作"问题帮帮团"，四人为一个小

组，请每个同学在课前下发的空白纸上写下近日令你生气、伤心、受挫或烦恼的事情，大家成为问题帮帮团的一员，依次来帮助同学解读这个事件，以及挖掘新的解读视角。除此之外，也可以把大家认为能够缓解或处理心理烦恼的好方法进行整理并记录。

思考与讨论：学生相互分享问题，并进行小组讨论、分享。

班主任语 同学们，通过身边小伙伴的共同解读，我们对自己的情绪问题有了更全面的认识，原先困扰我们的问题可能变得并不那么重要了，另外我们还收获了许多缓解和处理心理烦恼的办法，比如转移注意法、合理宣泄法、倾诉法等。

2. 课堂小实践

刘奶奶的故事：刘奶奶有两个儿子，大儿子是卖雨伞的，每到晴天，刘奶奶就担忧大儿子的伞卖不出去。小儿子是开洗衣店的，每到雨天，刘奶奶又担忧小儿子洗的衣服晾不干。某天，刘奶奶由于过于忧虑而病倒了。

思考：刘奶奶应该如何处理自己的心理困扰？请利用课堂学习内容为刘奶奶出谋划策。

班主任语 同学们准确地找到了帮助刘奶奶解决心理困扰的方法：刘奶奶应该感到高兴，因为无论是晴天还是雨天，她的孩子都能够挣到钱，小儿子开洗衣店可以在晴天赚到钱，大儿子卖雨伞可以在雨天赚到钱！

★ 步骤4：总结（5分钟）

班主任语 人的情绪总是处在变动中，影响我们情绪变化的原因，其实不是事物本身，而是我们对事物的看法。换个角度看问题，结果会大大不同，我们的感受也会随之而变。如果我们能多方面、多角度地看问题，就能避免陷入僵化的思维陷阱，收获更多的快乐和惊喜！

（三）个人辅导篇

辅导原则

当面对存在异常心理问题的学生时，班主任应该如何与其沟通辅导？

原则1：包容接纳

班主任面对学生的异常心理问题，首先应当秉持包容接纳的态度，接纳学生的问题并分析问题产生的原因。有时班主任需要做到价值中立，要放弃自己主观的价值评判，而是从世界观和以人为本的学生观的角度来看待学生的问题，这样才能给予学生足够的尊重，也有利于获取学生的信任。

原则2：及时干预

对于学生的异常心理，班主任要结合所有资源，做到及时干预。例如，与家长、心理老师、心理医生等进行沟通，从中获取处理学生异常心理问题的有效方法，及时干预，遏制问题恶化。

原则3：以人为本

心理辅导的最终目的是调动、引导和启发人的内在潜力，这与班主任德育工作的目的是一致的。

班主任德育工作的一个重要目标就是确保每位学生能够有尊严且身心健康地成长。以人为本的教育理念要求班主任把学生视为真实而鲜活的个体，他们可能有缺点，他们可能有各种问题，而我们则要帮助他们正确认识自己。

原则4：保密原则

当学生遇到心理问题时，会把自己痛苦的体验和经历告诉班主任，这里面有可能包括了一些不足为外人道的秘密。我们中国人有句话叫做"家丑不可外扬"，当学生选择向班主任诉说的时候，真的是鼓足了全部的勇气，对班主任极其信任，在这种情况下，班主任必须要坚守保密原则。

但是，有两种情况是例外的：一是学生有自杀倾向，这种情况下班主任一定要跟监护人和学校的主管部门取得联系，以防出现不可控的情况；二是学生出现了违法犯罪行为。

▌▶ 常见问题与辅导策略

◆ **个案分析**：我们班有个学生出现了异常心理，我应该怎么做？

◆ **辅导策略**：

1. 建立关系，表达关心

班主任最重要的是要回应学生的需要。如果学生主动来交谈，可以先耐心了解情况并表达关心，让学生知道你展开对话是出于对他/她的关心和担忧。你可以说出你的观察，并请学生分享更多他/她现在的处境，例如："我注意到你最近似乎闷闷不乐，你遇到困难了吗？""想和人谈谈的话，随时可以来找老师……""我最近注意到你上课时一脸疲倦，能跟老师说说发生了什么事吗？"利用开放式问题，让学生讲述更多自己的处境。你可以先问问其健康或日常情况，例如："你最近睡得好吗/胃口如何？"对于潜在的高风险学生，避免带有批评或指责意味的话语，例如"我发现你不爱和其他同学交流"或"你最近上课常常走神"。如果学生提到了自我伤害或伤害他人的情况，班主任要谨记自己的角色和限制，向心理老师、专业人士征询意见和寻求支援。

2. 对讲述个人问题的难处表示理解

这样的"聊天"并不是一次就能有效果的。讨论自己的难题或负面情绪并不容易，学生可能还没准备好倾诉，除非你注意到学生有实时危机，否则不要勉强学生讨论问题。

你可重申自己关心对方，并告诉他/她可以在什么时间和地点向谁寻求支援。有些学生可能需要一段时间才能打开心扉。

如果学生有自杀念头，不要答应为其保守秘密，为保障学生的安全，这件事必须告诉家长、学校领导、心理老师等相关责任人。

可以告诉学生，你很关心和注重他/她的隐私，你会尽最大的努力帮助他/她渡过难关，但这件事你一个人并不能完成，你需要告诉可信可靠的人，为他/她提供更好的帮助。

3. 提供温暖、尊重、安全的空间

班主任在面对有异常心理的学生时，常常容易陷入焦虑与压力中，因为他们迫切希望为学生提供帮助、解决问题，然而，在实际操作中，却往往受到自身能力和条件的限制。这里需要指出的是，即便专业的心理咨询师也不一定能完全处理好异常心理问题，因为问题的形成与发展具有复杂性。班主任在面对有异常心理的学生时，提供一个温暖、尊重、安全、受保护的空间就是对学生最好的帮助，可以告诉学生"在老师这里你是安全的，你可以表达任何你想表达的内容，不用担心和害怕"。让学生感到自己是被关注与被保护的，这能为解决他们的问题提供支持。

特殊学生处理

在面对存在异常心理的学生时，如果涉及安全问题而无法自行处理，班主任应进一步确认学生的家庭情况。若发现家庭支持不足，可以先与学生进行谈话，了解其心理状态，再和家长联系，请家长共同关注学生的问题。

若问题严重，班主任可和心理老师一起约见家长，或者请心理老师和学生进行深入交谈。对于有自伤、自杀等危险行为的学生，在其情绪稳定后，班主任和心理老师应通知家长，建议立即转介至相关心理医院。班主任应让学生意识到当他们遇到问题时需向他人求助，允许学生表达自己的困难，告知学生可以向谁求助，并帮助学生消除向他人求助的顾虑。

（四）实践者说

一提到"异常心理"，往往会让人感到紧张，甚至将其与极端行为联系起来，产生谈虎色变的情绪。然而，阅读这一章节后，我释然了许多。原来异常心理并非都如想象中糟糕，书中提到的处理方法具有很强的可操作性，对我很有启发。

第二单元

适应与制定目标

主题1 如何帮助学生适应新环境

（一）新生入学适应问题及类别

学生初入校园时，由于无法很好地适应新环境，可能产生不良情绪和行为障碍等问题，例如，长时间的情绪低落、焦躁不安、不想上课和不愿与他人交流等。通过一些有针对性的活动来帮助学生快速熟悉新环境和新同学，是解决新生入学适应问题的有效方法。

学生从旧环境到新环境的过渡时期，出现短暂的不适应是正常现象，班主任不必过度紧张，只要"找准根源，对症下药"，就能帮助新生顺利地适应入学。入学适应问题可以划分为生活适应、学习适应、人际适应和心理适应等。住家生活到寄宿生活的转变、学科难度上的转变、交往对象的转变，都有可能成为学生产生适应问题的"导火索"。

下面就让我们一起来看看有哪些好方法吧！

（二）主题活动篇

越来越多的班主任认识到新生入学适应教育的重要性，顺利地适应新生活不仅是个体成长必然经历的一个过程，也是个体成长的催化剂。适应良好的学生能够以稳定的情绪和积极的态度快速融入新的班集体，为接下来的学习和生活创造一个良好的开端。然而，并不是每位学生都能很好地适应新环境，如何消除学生的陌生感，帮助学生心理平稳过渡呢？本篇旨在帮助班主任引导学生通过挖掘自身的力量掌握适应新环境的方法，调节心态，让学生更快更好地适应新班级，进入学习状态。

主题活动可以分为主题班会和团体活动。这里提供了两种类型的主题活动，供大家进行选择。

现在一起来开展主题活动吧！

主题班会——前进吧！新生君

▶ 设计目标

通过讲授知识点和开展课堂活动，帮助学生认识入学"不适应"的现象，让学生认识到"不适应"问题的普遍性，从而减轻学生焦虑；同时，教授学生一些适应新环境的"小妙招"，引导学生主动适应新的校园生活。

▶ 实施步骤

★ **步骤1**：中学幻游（10分钟）

设计意图：让学生对初中生活展开回忆，并引导学生和过去好好告别，发掘自身的积极能量，为高中新生活赋能。

班主任语 同学们刚刚离开初中进入新学校，或许还会留恋曾经的生活。回忆一下，初中那些让你怀念的人、事、物和经历，在小组内相互分享一下自己的回忆，以及它们令人怀念的原因。

班主任语 刚刚同学们都相互分享了自己的回忆，这些回忆都是宝贵且美好的。现在请同学们闭上眼睛，默数3秒，让我们将这些美好回忆珍藏到心中。

★ **步骤2**：烦恼大盘点（15分钟）

设计意图：通过提问与互动的方式，让学生整理出新环境下会面临的各种不适应现象（例如，想家、恋旧、很难建立新关系），并告知学生多数不适应现象都是正常的，不需要感到过度紧张。

班主任语 同学们现在正处于适应新环境的过程中，大家有没有感到困惑的事情，可以写在白纸上，然后在小组内相互分享。

※实用工具

"烦恼大盘点"工作纸

（1）我不太适应新学校的这些方面：_____

_____

（2）我用什么方法来应对这些不适应：_____

_____

★ **步骤3**：适应"心"锦囊（15分钟）

设计意图：向同学们介绍开学不适应的几种表现，包括环境适应、人际适应、学习适应和心理适应等方面，引导学生掌握调节自己心理状态的方法，学会积极主动地适应新环境。

*知识要点

环境适应
　表现：想家、不适应住宿生活、学校管理严格等
　方法：少做评价，认真执行

人际适应
　表现：难以和舍友建立良好关系、缺乏交流技巧
　方法：换位思考、积极主动、尊重接纳

学习适应
　表现：学不进去、没有计划
　方法：适应学习内容、制订新学期的学习计划

心理适应
　表现：不知道自己该做什么、没有目标规划
　方法：提前制订个人规划

教学素材：人际适应（动画《仙人掌与刺猬》）。

★ **步骤4**：引导学生学会求助（5分钟）

设计意图：班主任要告诉学生，当他们觉得自己无法很好地应对新环境带来的问题（难以维持正常活动、调节自己的情绪以及处理人际关系）时，要寻求他人的帮助。

> **班主任语** 相信每位同学都能慢慢地适应我们的新环境。但是，当同学们觉得自己不能处理适应问题时，一定要及时向我或者心理老师寻求帮助。

团体活动——描绘我的"力量之手"

设计目标

让学生运用头脑风暴和绘画的方式，认识到"不适应"问题的普遍性，降低焦虑感，探索不同情景的多种解决办法，提升解决问题的能力。

活动准备：白纸、彩笔、课件等。

活动时间：80分钟。

实施步骤

★ **步骤1**：反向活动（10分钟）

设计意图：通过游戏来调动学生的热情，让大家更主动地参与到主题活动中，增强活动对学生的教育作用。另外，班主任还可以通过指出学生在活动中的"不适应"表现来引出主题。

活动规则：班主任随机向学生说出指令，例如，向前一步、摸一下自己的右脸、张开嘴巴……学生要按着相反的方向做，例如，向后一步、摸一下自己的左脸、闭紧嘴巴。

学生反馈：班主任可以询问同学们在活动中的感受。学生的常见反馈是，在面对相反的指令时，会感觉不适应、不习惯。

班主任语 面对新的指令，大家会感到不适应和不习惯，当我们处在一个新环境时也会感到不适应和不习惯，甚至会面临一些小困难。现在我们进入了一个新的班集体，对于大部分人来说都需要一个适应的过程，接下来我们进行一个头脑风暴的活动，来讨论一下未来可能遇到的问题。

★ **步骤2**：头脑风暴（15分钟）

设计意图：发现问题是解决问题的第一步。通过小组讨论分享，让学生充分表达新生活可能会面临的问题。

活动规则：让小组同学围绕"进入高一后，我们可能会面临什么样的问题呢"进行讨论，并将答案写在白纸上，最后以小组为单位进行分享。

注：写在白纸上呈现会更直观，并且白纸在后面活动中能发挥作用。

学生反馈：学习跟不上、没有朋友、和舍友在生活习惯上不合拍、不适应班级的管理等。

班主任语 面对各式各样的问题，我们应该如何应对呢？

★ **步骤3**：描绘我的"力量之手"（40分钟）

设计意图：通过绘画的方式，帮助学生拓展看待问题的视角。每位学生都能通过这种方式回忆起自己成长历程中的成功经验，同时，倾听同龄人的经验能够丰富自己学会适应的方法和策略。

活动规则：

（1）让学生在空白A4纸上临摹出自己的手掌印，这只手叫做"力量之手"。

（2）让学生在"力量之手"的手掌上写下令自己最困扰的事件，并给手掌涂上自己认为符合这个困扰事件的颜色。

注：颜色不要覆盖住字。

（3）询问学生："面对困扰事件，你采取了哪些方式或措施来应对？"让他们把最重要的5种应对方式分别写在"力量之手"的5根手指上。

注：可以根据这些方式的效果、重要性等因素来选择写在哪根手指上。

（4）让学生再给每根手指涂上自己认为符合的颜色。

（5）让学生在小组内分享自己的"力量之手"，采取了哪些方式应对困扰事件、效果怎样，还有哪些困扰。

（6）针对该同学的困扰事件，小组要讨论总结出应对方式，并把这些应对方式写到手指的空白位置。

班主任语　分享时，一人分享并展示他的画作，其他人专注倾听，不打断，不评价。不论对错，不作求证。

★ 步骤4：携起"力量之手"（15分钟）

设计意图：引导学生通过分享绘画作品探索多种提升适应能力的策略，总结方法，把学到的方法运用到学习和生活当中，以更好更快地适应高中生活。

活动规则：班主任邀请各小组同学代表依次上台分享，分享后将描绘的"力量之手"贴在黑板上进行展示。

班主任语　同学们请看这贴满"力量之手"的黑板，里面既有大家心中的困扰，又有大家群策群力给出的解决办法。所以，大家不要担心，方法总比困难多，生活是可以改变的。

活动反思：让学生进行心理绘画，实际上是运用了投射技术。投射技术是指采用多样化的方式，如绘画、沙盘等，让学生在无拘束的环境中表达最真实的想法。新生透过绘画投射，向我们展示了不易被觉察的内心深处的情绪和情感。新生卸下了心理防备，释放了情绪，在分享中表达了真实的自己，激发了自身内在的能量和智慧，重拾和整理了积极应对变化的有效方

法。通过这种方式，激发新生对未来的美好想象，有利于他们积极适应新环境。

📖 知识拓展

绘画投射

绘画投射起源于中国。世界四大文明古国最初都是使用象形文字，其他3个古国的文字后期演变为拼音文字，只有中国还是以象形文字为主。汉字起源于图像，所以中国有句古话叫书画同源。西汉文学家扬雄曾写道："书，心画也。"

绘画不但能反映绘画者的内部心理，还能表现绘画者的主体经验。而且绘画投射不受文化限制，没有语言障碍和规则约束，能消除心理防卫、揭示深层意识想法，具有快速、精准、全面的特点。绘画投射贴近我们的生活，适用于少年儿童性格培养、成人心理咨询、企业人才管理等多个领域。常见的绘画投射测验有"房树人""雨中人"等。

（三）个人辅导篇

📖 辅导原则

当班级中个别学生出现"不适应"问题，班主任应该用怎样的态度去面对他们呢？

原则1：接纳包容

学生初到新校园，不适应问题是很正常的，班主任不能用异样的眼光去看待学生，认为学生娇气或者矫情，而是要用接纳包容的态度去对待他们，多了解他们的感受和需求，给予他们更多的关怀，帮助他们顺利适应新环境。

原则2：保持耐心

出现入学"不适应"问题的学生情绪往往不稳定，饭菜不合胃口、学习听不进去或者和同学闹了矛盾等，也许一点"风吹草动"都会对他们的情绪产生影响。心情好时，没有任何异常；心情不好时，会哭闹、要脾气。所以，班主任在对待这些学生时需要投入更多的耐心，认识到学生情绪的反复性，安抚他们的情绪，引导学生正确、全面地看待事物。

原则3：积极沟通

班主任不仅需要和学生保持沟通，来把握他们的心理动态，还需要和家长保持联系，了解"学生以前有没有出现过类似情况"这类基本信息，以及及时告知他们学生的当前情况；和心理老师沟通，请教一些实用方法，解决一些简单的问题。

▌▌▶ 常见问题与辅导策略

◆ **个案分析1**：我们班某位同学开学后经常哭泣，总是想回家，我该怎么办？

◆ **辅导策略**：新同学需要时间去适应新校园。班主任遇到这类事件先不要慌张，冷静思考应对策略。可以用同理心先安抚同学的情绪，例如，"××，老师很理解你现在的心情，离开家到新环境觉得很陌生，有点无助也不知道跟谁说"。

◆ **认知层面**：他告诉你的可能都是负面表述，例如，"我觉得住宿生活很困难""我很想家、想妈妈""我在这里没有朋友感觉很孤独"等；而你可以引导学生用正面的角度看待住宿生活，例如，"你是不是第一次洗了自己的衣服？这是一个很大的进步，如果你告诉妈妈，她会有什么样的心情？""虽然现在在学校没有朋友，那有没有哪位同学你觉得是可以结交的？为什么？"

盲视变化：当环境发生变化时，人的注意范围会变狭窄，很难对环境进行全面考量。

行为层面：班主任可以与学生共同制订计划和约定。具体来说，可以让学生将一周的时间分成适应校园生活的几个阶段，每个阶段设定明确的目标，并在完成目标后给他们准备一个小礼物以示激励。

第一阶段：周一和周二。这是最难熬的阶段，班主任可以鼓励学生告诉他们自己，只要坚持住很快就可以过去了，如果撑不住可以找老师寻求帮助。

第二阶段：周三和周四。阶段目标是结交一位新朋友并熟悉校园环境，这位朋友可以是舍友、同学甚至老师。

第三阶段：周五。让学生对本周的校园生活进行整理，看看自己在本周取得了什么进步（例如，第一次铺了床铺、第一次叠了被子、认识了几个新朋友等），以及自己的心理发生了怎样的变化。

系统脱敏：通过将所担心的事物进行分解的办法，使个人逐渐消除对事物的焦虑感。

◆ **个案分析2**：我们班某同学总是单独行动，也不和其他同学沟通互动，我该怎么办？

◆ **辅导策略**：对于这样的学生，我们要引起重视。这名学生可能缺少与其他同学沟通交流的能力。作为班主任，可以从以下几个方面引导这位学生建立校园同伴关系。

1. 积极沟通，互相尊重

引导这名学生与同学或舍友积极沟通，对于一些双方的矛盾点，要做到尊重理解。例如，宿舍生活中最常见的问题是生活习惯上的差异，有些同学讲卫生，有些同学不讲卫生，那么班主任要引导双方做到相互理解，给予不讲卫生的同学一些时间进行改正。

2. 用积极的视角看待身边的同学

要引导学生发现身边同学对自己的善意和他们身上的闪光点。例如，可以引导学生描述其他同学善意的举动或者其他同学身上的优点与闪光点。

3. 真诚透明，把原则放在明面上

有时学生自己的原则被触碰，但不善于表达，导致彼此误会越来越深，关系也越来越僵。所以，班主任要引导学生敢于表达自己的意愿，建立人际关系中的边界，这是建立良好友谊的前提。如果学生仍无法表达，班主任要发挥中间人的作用，纾解双方的心结。

（四）实践者说

作为一名新手班主任，我很担心学生在入学后会出现一些"不适应"问题，所以在开学前我就想给学生讲讲这个话题，提前给他们打个"预防针"。这本书中的活动为我提供了一个很好的指导，由于时间紧张，我只开展了主题班会，虽然时间短、内容少，但是效果还是很明显的。有的同学本来很焦虑，但是在分享环节发现很多同学有类似情况时，他就放松了，因为他明白了这是一种正常现象。

主题2　制定明确的个人目标

（一）用目标来领航

目标设定理论是美国心理学家洛克在1967年首先提出来的。洛克认为，目标是行为最直接的推动力，目标使我们的行为有方向性，引导行为指向具体的结果。班主任要引导学生制定个人短期、中期和长期目标，利用目标来指引学生的行为，使他们能够在校园学习生活中有方向、不迷路。

当教师对这些目标的意义或价值持有高度的正面预期时，确实会对学生产生较大的激励作用。但要注意的是，凡事有度。学习是脑力活动，脑力活动不同于体力活动，不同于体育竞技，不同于战场拼杀，需要心平气和。只有心平气和，学生才更容易有好成绩，更容易达到目标。但如果对目标的意义或价值的主观预期超出了合理范围，事情就会走向反面，学生越看重目标，就越有心理压力，越感到紧张焦虑，使目标设定产生反面效果。接下来我们就一起来看看，我们应该怎么帮助学生制定目标，制定怎样的目标吧！

（二）主题活动篇

据观察，很多高一学生对自己的目标不明确，当他们不知道自己需要做什么，不知道自己为什么而读书、生活的时候，他们就陷入了迷茫。或者有些学生有目标，但把目标定得太空洞，只有计划而没有去具体实施，结果往往半途而废，无法取得实际效果。本节活动的目的就是让学生感受目标与成功之间的关系，帮助学生了解目标制定的原则，制定合理的目标，激发学生实现目标的动力。

○○○◀ 主题班会——千里之行，始于足下 ▶○○○○

📖 设计目标

使学生认识到制定目标的重要性，帮助学生了解制定目标的原则；通过游戏、头脑风暴等活动，引导学生去体验、领悟，了解目标的意义；结合学生学习的实际需求，教授学生制定目标的方法，使目标更具体化且能够实现。

📖 实施步骤

★ **步骤1**：讲授"秦国称霸"的故事（5分钟）

设计意图：让学生感受目标与成功之间的联系，结合学生自身实际，激发学生对目标问题的讨论兴趣。

班主任语　据记载，周太史儋在孔子死后一百零五年，即公元前349年（注：此处时间学界有不同说法），会见秦献公，并预言："始秦与周合，合五百年而离，离七十岁而霸王者出焉。"秦国人世代坚守着这个目标和信念，为了一统天下一直不懈努力。秦国经商鞅变法而由弱转强，东出与六国争霸进而一统天下。秦始皇统一中国，是从一个积贫积弱的偏蛮小国由十几代秦国人奋发图强、历经磨难才实现的大国梦。

班主任语　从秦国的故事中，你觉得目标和成功之间有没有什么联系？想一想，你有哪些目标？

★ **步骤2**：用倒推方式制定目标（7分钟）

设计意图：引导学生通过自我设计，结合自身的目标需求，确定自己30

岁时的生涯梦想，并以分解目标为过程，架起目标和行动的桥梁，也让学生明白目标的意义——确定了目标，行动会更加精确，才能更好地实现目标。

> 班主任语　孔子曾说三十而立，是指30岁时人开始有所成就。这几个人物都在30岁时取得了辉煌的成就（秦始皇嬴政、东汉皇帝刘秀、雷军）。同学们有没有想过，30岁的自己在做什么，会是什么样子？

> 班主任语　请大家从职业发展、人际关系、财务状况、个人素养、社会价值、健康水平中选择一个方面，思考自己的30岁目标，并进行倒推。

要求：

30岁时，我要_____

↓

为了实现这个目标，_____岁时，我要_____

↓

为了实现这个目标，_____岁时，我要_____

↓

为了实现这个目标，_____岁时，我要_____

↓

为了实现这个目标，今年，我要_____

★ **步骤3**：用SMART原则评目标（18分钟）

设计意图：引入SMART原则，以秦始皇为人物承前启后，首先设置5个情境，让学生感受5个原则，再通过让秦始皇穿越到现代高中的新情境，让学生运用和判断，巩固所学。

> 班主任语　同学们，接下来我们以15岁的秦始皇为人物形象进行设想，看看他设定的这项目标怎么样。

【呈现情境】

情境一（明确性）：15岁的秦始皇想要吃很多美食，游山玩水，博览群书，结交贤臣。

情境二（衡量性）：15岁的秦始皇要看很多书。

情境三（实现性）：15岁的秦始皇想要长命百岁。

情境四（相关性）：15岁的秦始皇招贤纳士。

情境五（时限性）：15岁的秦始皇决定在一定时间内一统天下。

班主任语　同学们，你觉得秦始皇的目标能实现吗？如果要实现，要怎么修正？

【介绍SMART原则】

目标设定的SMART原则来源于管理大师彼得·德鲁克的《管理的实践》，有5个基本原则：

1. 目标必须是具体的（Specific）；

2. 目标必须是可以衡量的（Measurable）；

3. 目标必须是可以实现的（Achievable）；

4. 目标必须和其他目标具有相关性（Relevant）；

5. 目标必须具有明确的截止期限（Time-bound）。

班主任语　刚刚我们介绍了SMART原则，现在秦始皇穿越到现代，成为一名高一学生，并给自己制定了一些目标，同学们应用SMART原则，看看这些目标体现了哪些原则。

【呈现情境】

情境一（明确性）：穿越的秦始皇希望历史科目能考90分以上。

情境二（衡量性）：穿越的秦始皇希望在每次历史单元考试中进步2分。

情境三（实现性）：穿越的秦始皇希望历史科目比原来进步10分。

情境四（相关性）：穿越的秦始皇希望通过观看3部历史纪录片来提高历史成绩。

情境五（时限性）：穿越的秦始皇希望在本次期末考试中，历史科目考

90分以上。

★ **步骤4**：重新修正目标（10分钟）

设计意图：活学活用，让学生运用刚学会的SMART原则修正目标。

班主任语　同学们，请根据SMART原则，对自己刚刚制定的目标进行相应的调整，使其变得更加合理可行。

班主任语　确定目标，对于指导我们行动，获取成功有着重要的意义。同时，及时调整目标，使目标更加合理可实现也是非常重要的。

★ **步骤5**：总结（5分钟）

设计意图：播放歌曲，激励学生像蜗牛一样，为了自己的目标而努力。

播放歌曲：《蜗牛》。

班主任语　蜗牛的步子徐徐缓缓，可却能去到想去的地方。重重的躯壳下，有着柔软的身体、坚强的内心，激励无数人奋发向上。希望同学们也能找到自己的目标，朝着目标奋力向前，创造出属于自己的明天。

（三）个人辅导篇

辅导原则

班主任在与学生沟通目标的制定时，应该秉持什么原则？

原则1：开放探索

班主任在和学生沟通目标的制定时，可以秉持开放探索的原则，引导学生发散思维，探索自己的近期、中期和长期目标，并与学生一同评估目标的合理性、可行性等，从而让学生从中选择最适合自己的目标。

原则2：以学生为主体

班主任在与学生沟通时，要以学生为主体，引导学生进行自主思考。只有由学生自主制定的目标才具有可持续的推动作用，能够引导学生不断追求进步，并最终实现目标。

原则3：全面发展视角

班主任要以全面发展的视角看待学生，引导学生从多方面制定自己的目标，在实现目标的过程中，促进个体的全面发展。

常见问题与辅导策略

◆ **个案分析1：** 我们班有些同学缺乏上进心，上课不认真听讲，经常睡觉，面对这种学生应该怎么办？

◆ **辅导策略：**

1. 保持关注

班主任需要对这类学生保持关注，让他感觉到你十分在意他、重视他。与学生单独聊天，从而消除他的戒备心，增进彼此间的信任感，从中了解他的真实想法，方便对其"对症下药"进行教育。

2. 激活行动

学生常常有"帮老师做事光荣"这种心态，认为只有老师信任的好学生才有这种机会。所以，班主任可以安排他做一些力所能及的小事，建立彼此之间的联系，既能激活学生的行动力，使其获得满足感，又有益于增强学生的自信心。

3. 被动设定目标

当班主任与学生建立起联系后，可以为他们设置一些小目标，初期的目标可以是具体的行动，例如，让学生书写课堂笔记，当完成目标后，可以给予他们适当的奖励和鼓励，以此激发他们的主动性。

4. 主动设定目标

当学生的自主性被激发后，班主任可以引导他们制定自己的发展目标，遵循SMART原则，评估学生目标的合理性和可行性，并引导他们主动地践行目标。

◆ 个案分析2：有位同学学习名次处于年级前列，但家长还是觉得她不够努力，家长的态度对其产生了负面影响，我应该怎么办？

◆ 辅导策略：

1. 构建稳定的认知

帮助学生构建稳定的认知，认可学生的努力和成果，"老师觉得你现在的成绩已经比较稳定，而且老师能看到你的努力，所以你也要认可你自己的付出"，避免学生产生自我怀疑、自我否定的心理。

2. 设置可达到的目标

目标不能定得太高，比如，学生的学习成绩本来在全班第10名，帮学生定下的目标是成为班级第一名，结果学生发现，不管自己怎么努力，都达不到目标，学生就会受挫，自信心也会逐渐丧失。

引导学生对目标进行细分，通过不断地达到一个个小目标，增强学生的自信心，也有利于目标的量化和监督。老师和父母做好协助工作。

要设置目标完成的期限，不仅总目标要有完成期限，每个小目标也必须有完成期限。如果没有期限，很容易让目标流于形式，导致学生形成拖延的坏习惯。

3. 发现潜在的资源

我们不仅要帮助学生设定目标，还要帮学生分析实现这个目标到底该具备什么条件。首先，班主任要引导学生思考，用什么方法可以事半功倍地达到目标，并且要了解学生以往使用的方法是不是正确可行的，并对其进行调整。其次，有时学生不能独立完成目标，比如，需要父母和老师的协助、需要额外的补习等。最后，要让学生在力所能及的范围内学会去使用资源，也就是让学生学会认识资源、管理资源、利用资源和创造资源。

4. 与家长进行沟通

当发现案例中的情况时，班主任要主动与家长进行沟通，客观地说明学生在校内的实际情况，适度表扬，引导家长看到学生的努力和成绩的进步。此外，需要提醒家长，他们的行为可能给学生造成极大的心理压力，让学生感觉到不受认可，继而打击学生的自信心，甚至造成严重的心理问题。

（四）实践者说

我们班好几个学生都有这种情况，上课时睡觉，觉得自己是中职生，对成绩也是一副无所谓的态度，一直都让我比较头疼。前段时间，我尝试运用了本书中的方法，目前学生的情况有所改善，有些时候还会主动帮我做一些事情，这让我非常惊喜。希望他们能够有更明确的目标和美好的未来。

微信扫码
- 教育心理学
- 精品入门课
- 心灵体检室
- 知识资讯站

第三单元

建立和谐关系

主题1 充当同学关系、宿舍关系的引导者

（一）良好的同学关系和宿舍关系的重要性

人际关系直接影响个体的心理健康。如果学生长期处于人际关系恶劣、冷漠、充满矛盾和冲突的环境中，学生会变得谨言慎行、情绪压抑、性格内向，或是变得暴躁易怒、敏感多疑等。如果学生在班集体中拥有和谐、融洽的人际关系，则会情绪稳定、心情愉悦、自信心强。

宿舍作为学生生活的重要场所，同样也是建立和发展人际关系的起点。社会心理学的研究表明，接近性是建立友谊的有力预测因素之一。同宿舍的学生通过频繁交往，能够寻求彼此的相似性，感受对方的喜爱，从而成为朋友。良好的宿舍关系可以为学生提供有力的社会支持，促进学生身心健康发展，提高学习效率和活动质量。从宿舍发展出来的友谊甚至可以维持终生，成为学生时代最难以忘却的美好回忆。

但是，学生的性格、家庭背景以及思维方式等方面都存在差异，导致同学关系和宿舍关系的发展并不总是美好、顺利的，会产生各种各样的矛盾和冲突。作为班主任的我们应该如何处理呢？下面让我们一起看一下吧！

（二）主题活动篇

主题活动可以分为主题班会和团体活动。这里分别提供了两种类型的主题活动，供大家进行选择。

本篇旨在帮助班主任引导学生认识到同学关系和宿舍关系的重要性，激发同学之间的友爱之情，提高学生交往的主动性。

现在让我们一起来开展主题活动吧！

主题班会——赞美的感觉真好

设计目标

引导学生认识到赞美的重要性，学会主动赞美别人；学会用正确的方法去赞美他人和接受他人的赞美；意识到赞美别人是一件积极正向的事情。

实施步骤

★ **步骤1**：课程导入（5分钟）

播放视频：《夸夸陌生人》（在短视频软件中搜索关键词"在路上夸陌生人"即可找到）。

班主任语 看完这个视频，同学们有什么感受？的确，来自陌生人的一句赞美就会令人心情愉悦。赞美的话语就像阳光，能温暖人心。我们今天就来了解一下如何赞美他人以及如何接受他人的赞美。

设计意图：激发学生的兴趣，提高学生的课堂参与度和独立思考能力，引出主题——赞美。

★ **步骤2**：赞美的技巧（8分钟）

规则：邀请4位学生分别扮演小强和甲、乙、丙3位同学，其他学生注意观察。

情境：小强在本次期中考试中获得了年级第一名，班上的3位同学甲、乙、丙分别对小强进行赞美。

纸条1（甲）：你也太棒了！（眼神不看小强）

纸条2（乙）：哇！你这次考得也太好了吧！（说话时站立抖腿，身体左右摇摆，鼻孔朝人，一副不服气的姿态）

纸条3（丙）：小强你真棒！你是我学习的好榜样！（说话的时候真诚地看着小强，并且轻轻拍了拍他的肩膀）

思考：你对这3位同学的赞美有什么感受？

班主任语 在赞美别人的时候，我们不能表现得太随意，要注意自己的语言、语气和动作。赞美是一门艺术，真诚的赞美使人愉悦，给人自信和力量，而不恰当的赞美却会适得其反。只有掌握了一定的原则、方法与技巧，赞美才更具魅力。那要如何赞美他人呢？方法：①态度要真诚。②语句要具体明确。③要把握恰当时机。④注意非言语行为的使用，如音调、姿态、表情等。

设计意图：引导学生分辨不恰当的赞美方式，使学生学会正确地赞美他人。

★ **步骤3**：接受赞美——"优点大轰炸"（12分钟）

规则：以组为单位，轮流说出每个组员的优点。注意，一定要逐一实施"轰炸"，至无一人"幸免"为止。被夸者只能静听，不用表示感激，也不用解释。

思考：（1）夸奖别人的感受是什么？

（2）被夸的感受是什么？

（3）我们要如何回应别人的赞美？

班主任语 刚才你们真诚的话语、灿烂的微笑以及赞许的目光都是在表达对他人的赞美。我发现很多同学在接受别人的赞美时，会有些不自在，甚至想极力去否认别人的赞美。无法接纳赞美，会让我们获得的赞美越来越少。那我们应该如何回应别人的赞美呢？下面我来分享一个方法。第一步，真诚感谢。接受到对方的赞美时，首先要直视对方的眼睛，真诚地说一句："谢谢你的话"。第二步，落实到行动上。把对方对你成果的赞美，落实到自己的行动上，比如，"我这次考得好就是多用了点时间"或者"下了点笨功夫"。第三步，自我感受。如果你听到对方的赞美，觉得非常开心和幸福，不妨说出来，比如，"听到你这么说我很开心"。

设计意图：让学生实践赞美的技巧，并且让其学会如何去回应别人的赞美。

★ **步骤4**：认领赞美（12分钟）

规则：教师为每个学生准备一张符合学生实际的、写有赞美话语的纸条，让学生认领赞美纸条。认领到赞美纸条的同学，站起来大声将纸条上的内容读出来，谈谈自己现在内心的感受，然后用刚才所学的方法接受教师的赞美。

班主任语　不是所有的赞美都会让人感到心虚，那些带着真诚和认可的赞美，是需要用心珍藏的宝贝。我们不仅要珍藏这份赞美，也要为了得到这份赞美而不断努力。

设计意图：让学生实践接纳赞美的方法，并且让其意识到接纳赞美的重要性。

★ **步骤5**：总结（3分钟）

班主任语　生活中缺少的不是美，而是发现美的眼睛。希望同学们在日常的学习和生活中，能善于发现他人的优点，也不要忘记肯定自己的优点，做到彼此欣赏和赞美。所谓赠人玫瑰，手有余香，在欣赏别人的同时，你也会获得一份意想不到的快乐心情。

团体活动——"寓"见彼此，爱在寝室

📖▶ 设计目标

帮助和指导学生处理宿舍矛盾；增强学生愉悦和积极的主观体验；帮助学生建立良好的宿舍关系，共同创造和谐宿舍。

活动准备：白纸、黑笔、抽签纸、气球、黏土、卡片、奖品各一份。

活动时间：80分钟。

📖▶ 实施步骤

★ 步骤1：签订团体契约书（5分钟）

活动规则：教师提前准备团体契约书（每人一份），让每位学生在上面签字并承诺会履行契约。

设计意图：通过签订团体契约书，引导学生敞开心扉进行交流。

※实用工具

团体契约书

我自愿参加团体心理训练活动，在活动期间愿做如下保证：

1. 准时参加所有的团体活动，以免因缺席而对整个团体活动造成影响。

2. 对于小组成员在活动中的所言所行绝对保密。活动外绝不做任何有损团体成员利益的事情。

3. 团体活动时，对其他成员持信任态度，愿向他们袒露自己的心声，与之分享自己的感情和认识。对他人的表露，我愿提供反馈信息。

4. 团体活动时，绝不会对他人进行人身攻击。

5. 认真完成团体布置的任务。

> 6. 团体活动时，不吃零食、不吸烟，不做任何与团体活动无关的事。
>
> 成员签名：
>
> 年　　月　　日

★ **步骤2**：合力吹气球（10分钟）

活动规则：

（1）教师按照小组数量准备气球（每组一个）和抽签纸，在抽签纸上分别写上嘴巴、手、臀和脚4个身体部位的名称。

（2）每个宿舍为一个小组，每组的人数要相同，最好为6人。

（3）抽到"嘴巴"的同学必须借助抽到"手"的2个同学的帮助把气球吹起来（抽到"嘴巴"的同学手不能动），然后2个抽到"脚"的同学抬起抽到"臀"的同学，去把气球坐破。

（4）用时最短的小组可获得教师准备的奖品。

班主任语　在刚才的活动中，大家表现得都非常默契，克服了艰难险阻，最终完成了团体任务。但舍友之间不仅有美好的回忆，也会有矛盾和冲突的发生，下面我们就来看看该如何解决这些问题。

设计意图：放松学生的心情，调动学生的热情；破除同学之间的壁垒，增强宿舍成员之间的凝聚力。

★ **步骤3**：宿舍那些事（20分钟）

活动规则：

（1）将下列情境写在卡片上，然后让每个宿舍抽卡决定要表演的情境。

具体情境如下：

a. 已经晚上11点了，大家都准备睡觉了，小红还在开着强光手电筒看小说，一边看，一边还念叨着小说情节。

· 47 ·

b. 今天轮到小强打扫宿舍卫生了，但大家中午回来一看，地没扫，垃圾也没倒，因此整个宿舍被扣了分。

c. 周六的早上6点，大家都还在睡梦中，小丽却一直大声跟家人打电话。

d. 小勇的袜子总是积攒起来不洗，整个宿舍都有一股臭味儿，其他宿舍的人都不愿意来串门。

（2）表演后在组内分享感受，并讨论如果在宿舍发生这种情况该如何解决。

班主任语　通过大家的努力，我们找到了许多解决矛盾和冲突的方法，比如，及时沟通、学会换位思考、懂得尊重他人等。下面让我们一起来构建我们友爱的大家庭吧！

设计意图：让学生认识到舍友之间发生矛盾和冲突是很正常的，要学会去积极面对，妥善解决。

★ 步骤4：活动：动物家庭（40分钟）

活动规则：

（1）每位同学根据自己的特点，用黏土制作一只能代表自己的小动物。制作完毕后，将小动物放在一张白纸上，这张白纸就代表宿舍。（或者将小动物画在便利贴上，把便利贴贴在白纸上）

（2）与舍友分享小动物的颜色、样子以及选择这种动物的原因，最后再给小动物取个名字。

（3）小组内商讨制定宿舍名称、口号和宿舍公约，将这些内容写在代表宿舍的白纸上。

班主任语　每个宿舍都完成了自我建设的环节，有了自己宿舍的名字、口号，制定了符合我们生活习惯的宿舍公约，公约的内容包括打扫卫生、空调使用、生活作息、宿舍饮食、娱乐与学习等。

设计意图：增强宿舍凝聚力，减少宿舍矛盾的发生；帮助学生树立规矩意识，促进学生行为习惯的改善和综合素养的提高。

★ **步骤5**：体验分享（15分钟）

规则：学生轮流分享让自己印象深刻的活动以及过程中的收获。

班主任语 宿舍关系问题，看似是一些"鸡毛蒜皮"的小事，但积少成多之后时常影响舍友之间的关系，严重时甚至影响到我们正常的学习与生活。因此，要学会正确处理好宿舍问题，主动调整心态，多一点理解，多一点包容，生活就会妙不可言。

活动反思：刚开始的签署团体契约书环节让学生放下了心灵的戒备，趣味的团体活动消除了宿舍成员之间的隔阂，增强了学生的集体荣誉感；情境表演环节让学生明白如何去妥善解决舍友之间的矛盾和冲突；"动物家庭"活动让学生发现了心灵手巧的自己和古灵精怪的室友，并且让学生在制定宿舍公约时摸索出了与人交往的平衡点。这一次心理团辅，对于打破学生的社交桎梏、化解寝室的矛盾有着积极意义。

（三）个人辅导篇

辅导原则

学生人际问题是班级管理中最常遇到的问题，那么班主任在处理学生间的人际问题时应该秉持什么样的原则？

原则1：及时处理

部分班主任因为工作原因而忽略了对学生人际问题的处理，进一步加剧了对学生的负面影响。在教学工作中，我们常常会看到一个现象，有些同学出现心理问题的起因是受到人际关系方面的挫折，并且随着时间的推移影响逐渐加深，小问题变成大问题。所以，为了避免这种情况，班主任在知悉班级中的人际问题时，要主动、及时地进行干预，降低事件的影响。

原则2：全面客观

班主任在处理学生人际问题时，要避免只听取事件一方的陈述，这样很容易对事情的起因、经过和造成的后果形成片面认识，不利于问题的有效处理。因此，班主任应当听取事件双方的描述，如有必要可以询问其他人，这样才能对事件形成全面的认识，在辅导时做到公正客观。

原则3：后续跟进

为了保证谈话效果的持续性，班主任需要进行后续跟进，了解学生的人际关系是否发生了积极的变化。

常见问题与辅导策略

◆ 个案分析1：我们班有个同学跟我说，她感觉被舍友集体孤立了，我该怎么做？

◆ 辅导策略：遇到这个问题，很多新班主任的第一反应可能是：换个宿舍就能解决问题。殊不知这种方式不但可能会加剧学生和舍友之间的矛盾，而且盲目调换宿舍极有可能引发新的问题，导致新的宿舍矛盾的产生，因为学生能否和新舍友和睦相处是未知的。因此我们不能逃避问题，而是要直面问题。

首先，我们可以安抚该学生的情绪，了解该学生的心理状况，倾听其诉求，防止矛盾进一步激化。同时，我们可以向该学生表达自己对该事件的重视，并承诺会尽快解决此事。

其次，分别找到宿舍的其他同学进行谈话，倾听各自对宿舍矛盾的看法，分析矛盾产生的起因和经过。在与他们交谈的过程中，我们可以运用"共情"和"自我暴露"的方法去打开学生的内心世界，例如"我非常理解你的感受""我也遇到过类似的问题"等，用自己的亲身经历告诉学生要学会包容和理解别人的缺点，同时也要认清自己的不足。

最后，召集宿舍所有成员去办公室座谈，让全体成员进行自我检讨。但是在开始之前要强调，自我批评要真诚。在这个过程中，大家能认识到自己的问题和不足，同时也能对别人的问题予以接纳和包容。结束之前，班主任可以再次强调舍友之间的友谊来之不易，希望大家可以珍惜。

◆ 个案分析2：我们班有个同学反映，他在班上没有朋友，也不知道如何交朋友，我该怎么做？

◆ 辅导策略：

首先，与该学生沟通，帮助他分析原因。在与学生沟通时，我们可以用朋友的身份、家人的语气去关爱学生，拉近师生之间的关系，让学生能袒露心声。当发现学生是因为某些原因影响人际交往时，我们可以告诉他"我是你在××班的第一个朋友"，与此同时，也要鼓励学生勇敢地走出第一步，勇敢交朋友。

其次，私下找到班委成员，了解该学生平时的生活和学习状态，让他们多留意该学生的情况，适当地多关心一下该学生。

再次，适当创造机会，增加该学生与班上其他同学接触的机会，比如，可以安排该学生与其他同学一起值日、参加学校的集体活动等，让班上的其他同学了解该学生，进而发展出友谊。

最后，在班上开展关于"人际交往"主题的班会，让全班同学认识到人际交往的重要性以及学会人际交往的技巧，鼓励学生多关注身边的同学。

（四）实践者说

作为一名新手班主任，班内学生之间发生矛盾是最让我担心的事情之一，我时常害怕自己因经验不足而无法妥善解决这些问题。这一篇章的内容给予了我很大的帮助，尤其是其中的团体活动篇章让我受益匪浅。我按照详细步骤开展了团体活动，效果非常明显。团辅之后，同学们都纷纷表示收获很大，他们基本掌握了解决舍友之间矛盾的方法，会更加珍惜这段来之不易的友谊。

主题2　充当师生关系的对话者

（一）要重视良好师生关系的建立

所谓"亲其师，信其道"，师生关系作为学校中的基本人际关系，直接影响整个教学过程的成效。首先，良好的师生关系可以让学生对教师所教授的课程产生浓厚的学习兴趣，从而促进学生学习成绩的提升。其次，良好的师生关系能提升教师与学生之间的信任感，增强学生的团队意识和集体荣誉感，从而有利于创建优秀班集体。最后，良好的师生关系能让学生感受到被信任和被尊重，使学生拥有强大的精神力量，促进学生身心健康发展，同样也能增强教师的威信。

因此，作为一名新手班主任，要重视良好师生关系的建立。下面就让我们一起来看看有哪些可以提升师生关系的好方法吧！

（二）主题活动篇

主题班会——是老师也是好朋友

■■■ 设计目标

让学生了解教师的日常工作，学会主动了解和走近老师，学会与老师友

好相处；树立尊师观念，进一步激发学生对老师的尊重热爱之情。

📖 实施步骤

★ **步骤1**：导入——模仿猜猜猜（5分钟）

规则：请几名学生依次到讲台上来模仿一位科任教师，被模仿的教师必须是同学们都认识的。模仿的过程中所有同学都不能说话，其他同学要认真观看，并猜出这位同学模仿的是哪位教师。

班主任语 通过这个活动可以看出同学们对老师们的习惯和行为特点还是比较了解的，但是你们对老师们的日常工作了解多少呢？这节课就让我们一起来走近老师，了解老师。

设计意图：激发学生的学习兴趣，引出学习主题。

★ **步骤2**：走近老师（15分钟）

思考：你知道老师每天都要做哪些工作吗？

班主任语 除了要备课、上课、管理学生、与家长沟通和批改作业之外，老师还要承担参加教学比赛、培训、开会和填写报表等任务。

活动：今天我来当老师。

规则：找3位学生来讲台上分别扮演教师讲课，其他学生在下面按照情境当中的内容进行扮演。

情境一：同学们在下面比较安静，却各做各的事情，如看课外书、画画、写作业，但是不关注讲课者。

情境二：同学们在下面非常认真、非常专注地听讲，而且频频点头微笑，还不断地记笔记。

情境三：同学们在下面，一会儿说："我要上厕所。"一会儿说："某同学打我。"一会儿又对老师说："老师这道题我懂了，你不要讲了。"

思考：（1）在不同的情境下，作为讲课者，你有什么样的心理感受？

（2）如果讲课者是你的科任老师，同学们也是同样的表现，老师会怎样想？

班主任语	良好的课堂环境是对老师的尊重，也是认真学习的必要前提。希望同学们多换位思考，站在老师的角度考虑问题。

设计意图：初步让学生了解教师的日常工作，让学生学会换位思考，站在教师的角度去处理授课过程中的突发状况，感受教师工作的艰辛。

★ **步骤3：倾听心声（8分钟）**

规则：提前录制对各科教师的采访视频，在本环节播放视频。

主要采访问题如下：

（1）你对××班的印象是什么样的？

（2）你最喜欢什么样的学生？

（3）你最不喜欢什么样的学生？

（4）当学生遇到难题来找你帮忙解决时，你的心情是什么样的？

班主任语	同学们，从视频中我们看出每位老师都有自己不同的风格，其实他们是很可爱的，所以不要害怕老师，要和老师友好相处。

设计意图：通过视频展现教师对学生、对教学的真实想法，让学生更加了解教师的所思所想。

★ **步骤4：头脑风暴（10分钟）**

规则：以小组为单位进行头脑风暴，讨论与教师友好相处的方法，将方法写在纸上，最后由教师进行总结。

班主任语	①尊重老师。见面礼貌打招呼，上课认真听讲，遵守课堂纪律等。②勤学好问，虚心求教。向老师虚心求教不仅直接使同学们学习受益，还会加深与老师之间的交流。③正确对待老师的过失，委婉地向老师提意见。④犯了错误要勇于承认，及时改正。

设计意图：让学生通过思考明晰与教师友好相处的方法。

★ **步骤5**：总结（2分钟）

班主任语 同学们，愿你们能在老师既严格又宽容的教育中，深切感受到老师对你们的爱。在未来与老师交往的过程中，希望同学们能多换位思考，尝试理解老师的想法，正确对待老师在日常生活中的失误，掌握与老师友好相处的方法，让我们一起构建美妙、和谐的师生关系。

知识拓展

师生关系的4种类型

1. 权威型师生关系

这一类型的师生关系模式以命令、权威、疏远为特征。教师采取专制的作风，并担负全部的责任，计划班级的学习活动，安排学习的计划，指导学习的方法，控制学生的行为。学生没有自由，只是听从教师的命令，对教师往往是敬而远之。

2. 放任型师生关系

这一类型的师生关系模式的特征是无序、随意和放纵。在放任型模式下，教师对于学生缺乏管理，一切活动都由学生自主进行。因此，学生缺乏规则意识，合作学习或者自主学习的能力都比较弱，教育效果较低。

3. 民主型师生关系

这一类型的师生关系模式以开放、平等、互助为主要特征。教师以民主的方式教学，重视集体的作用，与学生共同计划、共同讨论，帮助学生设立目标，指引学生对照着目标进行学习。

4. 对抗型师生关系

在这种师生关系中，师生之间基本没有沟通，如果使用温度来体现，基本就是零度。学生是不得不去学校，教师是不得不上课，只要有一个导火索，就能引燃师生之间的矛盾，而且家长也会参与进来，指责教师，师生关系越处越僵。

（三）个人辅导篇

📖 辅导原则

师生间有时会发生一些小矛盾，为了促进师生关系和谐发展，我们应该怎样去看待这个问题呢？

原则1：保持冷静

当发生师生冲突尤其是突发性事件时，一般教师习惯迅速处理。但此时师生双方都处在生气、压抑、不满等负面情绪之中，此时处理问题难免会说出过激的话、做出过激的事。因此，面对师生冲突，作为班主任首先要保持冷静，切不可跟着感觉走，大发脾气或者一走了之，要先试着调节自己的负面情绪，尝试了解事情的全貌。切忌用过激的言语和行为进一步激化矛盾，当然也不能用体罚的方式解决冲突，而是应根据冲突的原因，采取适当的方式加以应对。

原则2：平等原则

"师生关系平等"更重要的内涵是"人格平等"。教师和学生是两种不同的社会角色或身份，彼此构成了一种独特的社会关系。在社会关系的意义上，师生之间天然是不平等的。但是，在人格关系上，师生之间却是绝对平等的。用一句通俗的话说：教师是人，学生也是人。在这一点上，师生之间是没有任何差别的。作为人的存在，教师需要爱，学生也需要爱；教师需要被尊重，学生也需要被尊重；教师不愿意被人辱骂，学生也一样。因此，当师生间出现问题、审视对方的时候，要关注到彼此对人格尊重的共同需要，用合适的方法进行对话。

原则3：对事不对人

在教学过程中，学生与教师发生冲突之后，我们批评教育学生是正当的，但要就事论事，切忌就事论人，避免因某件事或几件事就对学生下结论、贴标签。

常见问题与辅导策略

◆ 个案分析1：班上的某个学生与科任教师发生冲突，我该怎么做？

◆ 辅导策略：

首先，当学生与科任教师发生冲突时，班主任要保持冷静，明确自己是矛盾调解者的身份。

其次，分别找学生、科任教师和班干部等人了解冲突的原因和过程，并安抚好科任教师和学生的情绪。在处理冲突时，班主任必须坚持实事求是、公平公正。班主任在学生面前要维护科任教师的尊严，但也要站在学生的立场上看待问题，不要让学生认为班主任和科任教师是在联合起来对付自己；在科任教师面前，既要让科任教师知道自己的处事原则，又要让其理解学生的苦衷。

最后，分情况解决。如果这场冲突是由误会引起的，班主任要及时、耐心地向学生进行解释，消除误会；如果是由科任教师的失误引起的，班主任要让科任教师以适当的方式向学生道歉，消除矛盾。如果这场冲突是由学生引起的，要引导学生换位思考，学会站在教师的角度考虑问题；引导学生认识到自己犯下了不尊重教师、不尊重集体的错误，并教授学生一些避免冲突、克制情绪的方法。

◆ 个案分析2：我与班上某些同学始终无法建立良好的关系，该怎么做？

◆ 辅导策略：

首先，我们要认识到这是一个非常常见的问题，切不可让该问题影响自己管理班级的信心。

其次，我们可以经常与这些学生进行沟通，深入了解原因。良好的沟通是班主任与学生之间建立良好关系的桥梁。我们要真诚地向学生发出邀请，让其指出我们身上存在的问题。在沟通的过程中，要让学生感受到自己是安全的、被理解和接纳的，是可以畅所欲言的。

最后，针对学生提出的问题，反思自己的管理观念和行事风格并改正。我们在进行班级管理工作时要因材施教，结合学生自身的特点采取相应的管理措施。在生活中，我们也要对这些学生给予足够的关心和支持，帮助学生打开封闭的内心。

（四）实践者说

作为一名刚入职的班主任，从被动的执行者转变为整个班级的管理者和"发号施令"的指挥者，是需要一个过程的。在这期间，最难的问题就是处理我与学生之间的关系以及促进学生与科任教师之间良好关系的建立。本篇内容解决了我的困扰，通过开展班会课，学生了解了老师繁忙的工作，体验了老师的辛苦与付出，知道了如何与老师友好相处。而我也认识到了建立民主型师生关系的重要性，在今后的班级管理工作中，我要更加尊重、信任和关爱学生，做学生的表率，做到严与爱的统一。

主题3 充当亲子关系的协调者

（一）良好亲子关系的重要性

亲子关系是我们每个人来到这个世界上所产生的第一种人际关系，对我们的身心健康是非常重要的。父母是孩子最亲近的人，他们的一举一动都会潜移默化地影响孩子，因此良好的亲子关系对于孩子和他人的沟通、相处有着重大的影响。亲子关系同时也影响着孩子以后的人格形成，良好的家庭氛围让孩子在被爱包围的家庭中长大，会塑造出乐观自信的人格。亲子关系对孩子的人际关系也有所影响，良好的亲子关系会让孩子感受到被爱、被需要、被接受，会让孩子有一颗善良的心。自然，孩子也会回馈给社会和他人自己的爱。

学生现在正处于青春期，他们渴望独立，凡事喜欢自己拿主意，不想再依赖父母。但在家长眼里，他们依然是个小孩子，还不够成熟，需要父母的保护。因此，学生会感觉父母经常干预自己的事情，进而产生一些不满情绪，与父母发生冲突。班主任作为家校沟通的桥梁，有义务采取一些措施帮助学生和家长建立良好的亲子关系。

下面就让我们一起来看一下有哪些好办法吧！

（二）主题活动篇

主题班会——妈妈，我爱你

设计目标

使学生增加对妈妈的认识和了解；引导学生从日常小事中感知妈妈的爱，增强学生与妈妈之间的情感联结；让学生理解妈妈的唠叨，觉察妈妈日常行为背后所深藏的爱意；鼓励学生勇敢示爱，做到知恩于心，感恩于行。

实施步骤

★ **步骤1**：课程导入（4分钟）

猜一猜：有一个词的发音在全球范围内有很高的相似度，请你猜一猜这个词是什么呢？

播放视频：《全国各地人怎么叫"妈妈"这个词，只是叫一叫，就触动心弦》。

班主任语 妈妈就是这个世界上无所不能的人，她给予了我们无微不至的爱与关心，呵护我们健康成长。今天，就让我们一起来深入了解妈妈，感受伟大的母爱。

设计意图：激发学生兴趣，提高学生的课堂参与度和独立思考能力，引出本节课的主题。

★ **步骤2**：谁是最了解妈妈的人（6分钟）

规则：让学生双手握拳，教师分别提出以下问题。从第1题到第10题，如果学生知道答案就伸出1根手指，10道题都知道的同学就可以高高地举起双手。

（1）妈妈的年龄是多大？

（2）妈妈的生日是什么时候？

（3）妈妈的血型、星座分别是什么？

（4）妈妈最喜欢的颜色是什么？

（5）妈妈最喜欢的食物是什么？

（6）妈妈的身高是多少？

（7）妈妈的鞋码是多少？

（8）妈妈的性格是怎样的？

（9）妈妈最喜欢哪套衣服？

（10）妈妈的兴趣爱好是什么？

（11）妈妈每天做家务的时间有多长？

思考：做完这个调查后，你的感受是什么？

班主任语　通过大家的举手情况我们可以看出，有些同学非常了解自己的妈妈，有些同学却迟迟没有举手，不过没有关系，我们可以在课后继续了解妈妈。你可以多跟她聊聊天，让她知道你很关心她，很想多了解她一些。

设计意图：让学生对自己是否了解妈妈这个问题做一个初步的判断。

★ **步骤3**：回想幸福（10分钟）

播放轻音乐：《妈妈的吻》钢琴版。

思考：妈妈在养育你的过程中，做过的最让你难忘的事情是什么？请大家写或画在学习单上。完成后在小组间交流分享，最后请每组派代表在全班分享一下。

班主任语　通过大家刚才的分享，我们能真切地感受到妈妈对我们的爱都藏在了细微处。希望大家都能用心感受妈妈最伟大、最无私的爱。

设计意图：引导学生从日常生活中的小事中努力去感受妈妈对自己深深

的爱，增强学生发现爱的能力。

★ **步骤4**：理解母爱（8分钟）

表演情景剧：妈妈的唠叨

地点：家里

场景：××正在戴着耳机写作业，边写作业边摇晃身体，妈妈在扫地。

妈妈：××，你在干什么？边听歌边写作业，哪有你这样的，你能写好作业才怪！

××：我也没做什么呀，听歌也不影响我写作业啊！

妈妈：你说说你，现在就不好好写作业，以后怎么办啊！我们辛辛苦苦为了什么，不就是为了你能考个好大学吗？如果你现在不努力学习，以后怎么能竞争得过别人？

××：行了行了，你烦不烦啊！说够了吗？在学校老师唠叨，回到家你又唠叨个不停，还让不让我活啊！我不在家待着还不行吗？

说罢，××转身离去。

思考：妈妈的唠叨是爱吗？

完成学习单：用"这其实是……"的句式表达妈妈日常的一些行为。

如果妈妈在你出门时不断地唠叨你，其实是妈妈__担心__的爱。

如果妈妈在你犯错时严厉地批评你，其实是妈妈__着急__的爱。

如果妈妈在你生病时默默地守护你，其实是妈妈__关心__的爱。

如果妈妈在你遇到危险时保护你，其实是妈妈__勇敢__的爱。

……

班主任语 有时候，妈妈的爱是显而易见的，一句关心的话语又或是一顿美味的早餐都会让我们感受到她的爱，而有时候，妈妈的爱又是深藏不露的，这些爱会藏在唠叨里、批评里，甚至藏在责备里。所以，我们要努力去察觉她行为背后的爱，多换位思考，用更加合理的方式与她相处。

设计意图：引导学生看到妈妈行为背后的爱，增强理解爱的能力。

★ **步骤5**：爱在当下（10分钟）

播放视频：《遇到二十年后的父母，我们都哭了》。

思考：看完视频，你最深的感受是什么？

班主任语 毕淑敏曾经说过："当我们年轻的时候不懂事，当我们懂事的时候已不再年轻，世上有些东西可以弥补，但有些东西却永远无法补偿。"所以趁父母身体都还健康，让我们赶紧行动起来吧，孝不能等，我们要及时行孝，勇敢示爱。

活动：教师提前做好"爱在当下"行动券，让学生抽取，抽完后让他们回去交给妈妈，并执行相应的内容。

设计意图：让学生学会用实际行动表达对妈妈的爱，做到感恩于行。

★ **步骤6**：总结（2分钟）

班主任语 其实妈妈并不需要我们为她们做一些轰轰烈烈的大事，有时候一句关心、一个拥抱、一朵鲜花甚至是一个微笑，都能慰藉妈妈为我们百般焦虑的心。让我们大声说出："妈妈，我爱你。"

团体活动——让爱驻我家

设计目标

帮助亲子增加对彼此的了解，让父母更好地读懂孩子，孩子更好地理解父母；帮助亲子探索情感表达的新方法；帮助亲子掌握有效的沟通技巧，改善亲子关系，从而让孩子更加健康快乐地成长。

活动准备：彩笔、纸、轻音乐。

活动时间：80分钟。

实施步骤

★ 步骤1：暖身活动：兔子舞放松操（5分钟）

活动规则：所有学生和家长组成一个小队，后面的人用双手搭在前面的人的双肩上。教师站在一旁发号施令："请大家跟随《兔子舞》音乐，左脚跳2下，右脚跳2下，双腿合并向前跳1下，向后跳1下，再连续向前跳3下。如果跟不上也可以边跳边喊口号：'左左、右右、前、后、前前前'。"

设计意图：活跃气氛，让学生和家长放松下来，提高参与热情。

★ 步骤2：签订团体契约书（5分钟）

活动规则：教师提前准备团体契约书（每人一份），让每位同学在上面签字并承诺会履行契约。

设计意图：通过签订团体契约书，促使所有学生都能敞开心扉进行交流。

★ 步骤3：写一写我们眼中的你（10分钟）

规则：

（1）互相打分：满分是10分，请学生和家长分别为彼此打分。

（2）让学生写出3个词语来形容自己对爸爸、妈妈的印象。

（3）让家长写出3个词语来形容自己对孩子的印象。

思考：你写后的感受是什么？

设计意图：让学生和家长看到对方眼中的自己，增进对彼此的了解。

★ 步骤4：无声的表达（20分钟）

规则：

（1）将所有成员分成两组，围成圆圈，父母和子女面对面，手掌向外垂直伸出去，使双手与对方的手紧紧地贴在一起。然后闭上眼睛，一边聆听轻音乐《安静的午后》，一边慢慢地放松身心。

（2）所有成员轻轻地睁开眼睛，看着对方的眼睛，默默地去体会对方的眼睛里所要传达的感情，体会对方此时此刻的心情。

（3）全体成员背靠背、头碰头，把身体的力量靠在对方身上，轻轻闭

上眼睛，做深呼吸，感受对方通过背部所传达的身体语言。

思考：你有多久没有和孩子（父母）如此亲近了？你在活动中的感受是什么？

设计意图：通过活动让家长和学生学会从对方的眼神和行为中感受对方所要传达的信息，体会对方的爱。

★ **步骤5**：无效沟通（20分钟）

观看视频：《妈妈的指责打骂，将会成为孩子一生的痛》。

班主任语　视频中的场景大家会不会感到很熟悉？研究表明，指责、威胁、冷战甚至暴力，往往是父母在亲子冲突中经常用到的方式。

班主任语　下面请大家回忆最近的一次亲子冲突，重现当时的对话、动作和表情。然后进行角色互换，爸爸、妈妈扮演孩子，孩子扮演爸爸、妈妈，再表演一次。

（操作注意：每个家庭之间保持一定的距离，营造一个个独立且安全的空间）

分享：请每位学生和父母分享刚才在两次角色扮演中的感受。

班主任语　在第一次表演中，大家认为自己当时的情绪表达对问题解决有没有帮助？在第二次表演中，大家交换了角色，站在对方的角度去体验他当时的情绪和想法，那如果能重来，你是否愿意做出改变，从而让亲子冲突更加顺利地解决？

思考：有效沟通的方法。

班主任语　①接受对方的情绪。②控制自己的情绪，尤其不能迁怒。③彼此多谈心、聊天。④用心倾听彼此的想法，家长不能轻易否定孩子。

设计意图：让学生和家长反思自己在亲子冲突中的错误情绪表达，学会有效沟通。

★ **步骤6：送礼物（15分钟）**

规则：给每个成员一张纸、一支笔，让每个成员给自己的父母或者孩子写一封信，把这封信当成礼物送给他；也可以将自己的心里话真诚地说给父母听。最重要的是要明白：沟通，从心开始。

班主任语　有时候我们不好意思将自己的心里话说出来，可以尝试用写信的方法把自己的所思所想告诉彼此，将爱意及时地表达出来。

设计意图：给学生和家长提供一个情感表达的渠道，增进亲子之间的感情。

★ **步骤7：大团圆（5分钟）**

规则：所有成员站成一个圈，将两手分别搭在左右成员的肩膀上，随着《我们是一家人》的音乐左右摇摆并轻声哼唱。

设计意图：让全体成员在温馨的气氛中结束活动。

活动反思：首先，由于学生和家长一般很少会参加类似的团辅活动，所以刚开始他们的心情不免有些紧张，加之亲子矛盾并不是一朝一夕就能解决的，因此亲子团辅的开展需要大量的时间进行破冰和互动，通过放松心情，拉近彼此之间的距离，可以更好地解决亲子矛盾。其次，亲子交流和互动往往具有一定的私密性，因此要让家庭和家庭之间保持足够的距离，保护好每个家庭的隐私。

（三）个人辅导篇

▶ 辅导原则

原则1：把握家庭相处模式

每个家庭都有其"个性"。学生来自不同的家庭，每个家长的文化水平、素质和修养都不同，因此，要根据实际情况巧妙地运用语言艺术与不同类型的家长进行沟通。班主任应对学生家庭情况进行调查分析，对家长的文化水平、职业状况、年龄、家教思想、家庭关系等做到心中有数。同时，要

把握家庭相处模式，对不同相处模式的家庭要采用不同的沟通方法。

原则2：换位法则

在与学生或家长进行沟通时，要引导双方换位思考。父母在教育孩子过程中，都有一种自我中心倾向——在教育孩子时，父母完全从自己的角度、以自己的经验去认识和解决问题，不顾及他人特别是孩子对同一问题的态度和看法，似乎自己的认识和方法是最正确的。这类父母在开口训导孩子前，已经先入为主了，孩子情愿接受最好，不情愿也得接受。有些孩子也是如此，因为父母的强势，无法理解父母行为背后的深意。所以，教师在与双方沟通的过程中，要引导学生或家长从对方的立场上去理解对方的感受与做法。

原则3：目标原则

班主任要明确和家长沟通的目标和方向。沟通的出发点是帮助学生解决问题、获得成长，所以班主任在沟通时需要始终围绕这一点与家长进行对话，并引导家长以结果为导向看待孩子成长，在沟通过程中不断提醒家长。

▌▶ 常见问题与辅导策略

◆ 个案分析1：有家长对我说：孩子现在根本不听我们的话，我管不了他了，老师你帮我多教育教育他吧。我该怎么做？

◆ 辅导策略：

首先，平复自己的情绪，坚持一种理念：家长是我们的合作伙伴，不是被教育的对象，我们要耐心对其进行引导。我们要与家长进行沟通，耐心向他们说明家庭教育的重要性，让家长认识到只有将家庭教育和学校教育紧密结合起来，才能促进学生健康成长。

其次，与该学生进行沟通，询问学生的想法，引导其认识到父母的良苦用心，要理解父母、尊重父母；要让其多与父母汇报在校的表现，让学生成为家庭和学校之间的纽带。

最后，选择适当的时机进行家访，向家长汇报学生的在校表现，并了解学生在家的表现。同时，我们也要听取家长对学校教育提出的建议，共同商讨教育孩子的方法。

◆ **个案分析2**：有个学生这周返校时出现了严重的情绪问题，经了解得知该生在周末和爸爸吵架了，爸爸让他滚出家门，我该怎么做？

◆ **辅导策略**：

首先，找到该学生，耐心地与他进行交流，了解事情发生的原因和经过。同时，安抚他的情绪，避免这件事情给该生留下心理阴影，必要时可以寻求心理老师的帮助。

其次，与该学生的爸爸进行沟通，了解具体原因和他当时的所思所想。同时要告诉家长，教育孩子时要注意方式与方法，否则容易激化矛盾，甚至让学生产生一些过激行为。要耐心与孩子进行沟通，以恰当的方式指出孩子的问题，陪伴孩子一起成长。

最后，对该学生的爸爸进行电话回访，及时了解问题的解决情况。必要时，要进行家访，帮助他们双方面对面更好地交流，化解矛盾。

（四）实践者说

作为一名班主任，在平时与学生和家长沟通的过程中我经常能发现这样的现象：处于青春期的孩子内心十分矛盾，一方面，他们想获得父母的理解；另一方面，他们回到家就把自己关在房间，不与父母进行交流。很多父母也非常无奈，因为他们说了孩子也不听，甚至有时候会激起孩子的逆反心理，长此以往，父母也渐渐失去了与孩子沟通的信心，索性也不与孩子进

行太多的交流，导致亲子之间的问题越积越多，严重影响了良好亲子关系的建立。针对这个问题，我按照本篇的步骤开展了团体辅导，在辅导中，学生和家长互相用有声和无声的语言温暖彼此，互诉衷肠，增强了彼此之间的联结。辅导过后，学生和家长纷纷表示很多存在于他们之间的问题都被解决了，亲子之间的关系变得越来越好了。

微信扫码
✓ 教育心理学
✓ 精品入门课
✓ 心灵体检室
✓ 知识资讯站

主题4 充当激活班级凝聚力的管理者

（一）班级凝聚力的重要性

人在一起叫聚会，心在一起叫团队。一个积极向上、团结协作的优良团队，对其成员潜移默化的教育激励作用无疑是巨大的。班集体是学生个体成长的重要"土壤"，学生要在班集体中学习丰富的知识，掌握好的学习方法，更重要的是学会做人，形成自己的个性，班集体的品质直接影响学生的发展，而强大的班级凝聚力又是优良班级品质的重要元素。

建设一个井然有序、团结向上、勤奋好学的优秀班集体，是每个班主任的追求。在实现追求的过程中，每个班主任所持有的理念与采取的做法都是不尽相同的。一个班级如果没有凝聚力，那只能是一盘散沙。在班级凝聚力的培养中，班主任是关键。下面就让我们一起来看一看有哪些培养班级凝聚力的好方法吧！

（二）主题活动篇

主题班会——携手同行

设计目标

增进班内学生对彼此的了解，增强他们的集体荣誉感，加强集体主义教

育，使学生形成集体意识和主人翁意识。让学生认识到团结合作的重要性，培养团队精神，同心协力促进团体的进步。

📖▶ 实施步骤

★ **步骤1**：导入（5分钟）

播放班级内所有学生的电子相册。

班主任提前收集好学生的照片，通过照片展示学生的个人风采，然后制作电子相册，在本环节播放。

思考：看完这些照片后，你的感受是什么？

班主任语 在这间小小的教室，聚集了来自五湖四海的我们。在过去的十几年里，我们大多数人都是素未谋面的，但是缘分使然，××班把我们这群可爱少年聚集到了一起。开学后，我们一起经历了很多事情，在班级里也留下了我们的欢笑和泪水。就像同学们说的，这只是个美好的开始，未来让我们继续携手同行。

设计意图：放松学生的心情，激发情感，提高学生的学习兴趣，引出主题。

★ **步骤2**：默契大考验（13分钟）

活动：坐地起身。

规则：将班级学生分为×组，每组学生背靠背坐在地上，然后互相挽着胳膊，一起尝试站立，整组完全站起来即为成功。用时最短的小组获胜。

思考：大家获胜的秘诀是什么？

班主任语 要想获得成功，大家必须心往一处想，劲往一处使，这就是合作的重要性，让我们一起携起手来创建良好的班集体。

设计意图：让学生认识到合作对于提升班级凝聚力的重要性。

★ **步骤3**：匿名夸夸夸（8分钟）

规则：教师下发纸条，让学生在纸条上写下自己最欣赏的本班3位同学的名字，并写出他们身上存在的至少3个优点（要求具体、明确）。最后将所有学生写的夸夸纸条收集起来，随机抽取几张在班内读出来。

班主任语　感谢大家，让我知道了咱们班同学有这么多隐藏的优点，大家都是非常优秀的好少年！但是我们在日常生活中，不经意间就会给班级带来一些问题。下面我们一起来探究一下。

设计意图：让学生学会发现同学们身上的优点，学会欣赏他人。

★ **步骤4**：小故事《狼来了》（10分钟）

狼来了

甲和乙两个人一起去郊游，他们在森林里玩得正高兴，忽然听到狼的叫声。两人顿时慌了起来。甲赶快从背包里取出了运动鞋。乙很不解地问他："你为什么把运动鞋拿出来啊？"甲说："穿上运动鞋跑得更快啊！"乙不解地问："狼跑得比人快，你换鞋有什么用啊？"甲回答说："只要我比你跑得更快就行了，我要活命。"于是甲换上运动鞋就逃跑了。乙却丝毫不慌，他赶紧把自己的鞋脱掉，爬到树上去了。狼很快就追上来了，但是因为狼不会爬树，所以他只能往前猛追甲，不一会儿就追上甲把他吃掉了。

思考：这个故事给我们带来什么启示？

班主任语　自私的行为不仅会给他人带来伤害，而且也会伤害自己。咱们班目前存在哪些不爱护班集体的行为？让我们一起来探讨一下吧。

设计意图：让学生知道哪些行为是对班集体有害的行为，要在日常生活中注意自己的言行举止，共同维护班级形象。

★ **步骤5**：凝心聚力，爱护班级（4分钟）

播放歌曲：《朋友》。

班主任语 良好的班集体就像一个大家庭，每个同学都是这个大家庭中不可或缺的一员。让我们一起携手同行，把班级建设得更加团结、温暖和强大！

团体活动——拉近心的距离

设计目标

增进班级成员之间的了解，使学生懂得相互理解与支持，营造真诚、尊重、温暖的团体氛围，增强学生间的亲切感和对班级的归属感，增强班级荣誉感，提升班级凝聚力。

活动准备：纸、笔、便利贴、"真心话""大冒险"纸条。

活动时间：80分钟。

实施步骤

★ **步骤1**：签订团体契约书（5分钟）

活动规则：教师提前准备团体契约书（每人1份），让每位学生在上面签字并承诺会履行契约。

设计意图：通过签订团体契约书，保证所有学生都能敞开心扉进行交流。

★ **步骤2**：大风吹（15分钟）

规则：

（1）全班围坐成圆圈，教师开始说："大风吹！"大家问："吹什么？"

教师说："吹穿鞋子的人。"凡是穿鞋子者，都要移动，另换位置。没有抢到位置的人即为受罚者。

（2）活动惩罚：受罚者自由选择"真心话"或"大冒险"。"真心话"和"大冒险"纸条需要提前准备，让受罚者从中抽取。

班主任语 如果我们把注意力全部集中在自己身上，就无法感受到身边的人对自己的关心，无法看到周围人的美好，这样会影响我们与他人的相处，希望大家通过这个活动能够感受身边人的特点，善于发现别人的闪光点，勇敢迈出人际交往的第一步。

设计意图：活跃气氛，增强学生之间的熟悉度，创造轻松舒适的环境和安全信任的气氛，从而促进学生融入集体。

★ 步骤3：五毛一块（25分钟）

规则：假设男生代表五毛，女生代表一块。在开始时全班学生手拉手围成一个圆圈，并充分放松身心。然后，教师说"三块五"，大家按照钱数组成一组，形成新的"家"，每组同学的钱数加起来刚好符合教师报的钱数即为成功，超过或未满的组为失败。

思考：大家在活动过程中的感受是什么？

班主任语 听完失败同学的分享后，我们发现大多数同学都会提到一些消极词汇，比如"孤单""孤独""被抛弃""无依无靠"等，成功的同学则会感觉到"温暖""安全""有力量"等。由此可见，每个人都需要与集体联结，每个人都是这个集体当中无法被替代的一员。

设计意图：让学生体会和感受个人对团体、团体对个人的重要性，从而更愿意投入团体，增强班级的凝聚力。

★ 步骤4：猜猜我是谁（20分钟）

规则：让学生写下3~5句描写自己的外貌特征、兴趣爱好、性格特点等的句子，不写名字。写完后将纸折叠好，放入教师提前准备好的不透明盒子中并打乱顺序。指定几名学生上台抽取纸条并念出，让大家猜一猜这是谁写

的，猜中的人要说明理由。

思考：大家猜中别人或者被别人猜中的感受是什么？

班主任语 被猜中的同学是当之无愧的幸运儿，未来3年你绝不是孤单一人，因为你身后还有××班的家人们；没有被猜中的同学也不要失落，你总是用默默无闻的方式静静守护大家，非常感谢你。未来请大家试着敞开心扉，给彼此一个真正认识的机会。

设计意图：让学生从他人的反馈中认识自己，并体会被人理解的感受，拉近彼此的距离，促进学生之间的了解。

★ **步骤5**：班级生日（15分钟）

规则：

（1）将今天作为班级的生日，让每位同学写一句对整个班级或是对某位同学的期望和祝福。

（2）把"祝福"贴在墙上，拼接成一个心形。全班一起合影留念。

（3）播放歌曲《友谊地久天长》，在音乐声中结束这次活动。

班主任语 同学们，我们每个人都是班级当中非常重要的一分子，班级有了我们会更加精彩！我们所付出的每一滴汗水，都将在班级这块肥沃的土地上生根发芽，为我们的班级增光添彩，同时也会带给我们自己成长和荣光。

设计意图：增强班级凝聚力和学生对集体的归属感。

活动反思：本次团辅共有4个活动，分别是"大风吹""五块一毛""猜猜我是谁"和"班级生日"。学生以班级为单位完成活动内容，加深了班级成员之间的交流和互动，增强了大家的团体凝聚力，提高了班级成员之间的默契程度，同时也加深了参与者之间的情感连接。在后续的跟进环节还要做好总结、监督和帮助工作，以巩固本次团体辅导活动的教育效果。

（三）个人辅导篇

常见问题与辅导策略

◆ **个案分析1：** 班上某个学生认为班级的事情和自己没有多大的关系，集体荣誉感淡薄，我该怎么做？

◆ **辅导策略：**

1. 找他沟通，了解其成长经历和想法

沟通前，要向学生表达自己的诚意，比如，"你现在是安全的、被保护的，在这里你可以想到什么就说什么"，给予学生足够的安全感，让其表达自己的想法。在沟通过程中不能对学生进行批评，而是要动之以情，晓之以理，引导他认识到自己对于集体的重要性。

2. 发动家长的力量，家校合作，共同教育

将该同学的情况以适当的方式反馈给家长，让家长在家庭中加强对孩子集体意识的教育。

3. 给予学生参与班级事务的机会

比如，让学生担任小组长、班委成员，或者让他参与集体活动的策划与实施，在这个过程中，要不断鼓励他，对他的进步给予及时的反馈和表扬。

4. 召开以"集体荣誉，你我共筑"为主题的班会课

使学生懂得集体荣誉是靠大家的共同努力得来的，增强学生的集体观念，从而形成友爱团结、互帮互助的良好班风。

◆ 个案分析2：班级像一盘散沙，没有凝聚力，我该怎么做？

◆ 辅导策略：

1. 树立共同目标

班级没有共同的目标，学生的努力就没有目的，整体的积极性就无法调动，从而难以形成班级合力。目标的制定要切合班级的实际，要与学生共同商量制定；目标实现后，要及时跟进，让学生体验成功的喜悦，进而产生强烈的自豪感和集体荣誉感。

2. 组建得力的班干部团队

班干部作为班主任的助手，他们的工作能力和威信直接影响着班级的精神面貌和风气。因此，班主任要从学生中挑选有责任心、有号召力、乐于助人、踏实肯干的学生担任班干部，充分发挥班干部的工作积极性，使他们成为班级管理的中坚力量。

3. 开展丰富多彩的班级活动

我们可以根据班级的实际情况与学生一起设计和开展班级活动，提升全体学生的参与热情，增强他们的团体意识。比如，开展元旦、国庆联欢会和宿舍卫生比拼活动等。

（四）实践者说

人们都说"班集体的凝聚力取决于班主任"，但是"万事开头难"，对于从未有过任何带班经验的我来说，让一个新班级在短时间内快速培养起强大的凝聚力是非常困难的。在这个迷茫的阶段，我很有幸发现了这一篇章，知道了团体活动的开展对于班级凝聚力培养的重要性。在团体活动中，学生增进了对彼此的了解，感受到了团体中个体的重要性和团队合作的力量，提高了班级认同感，增强了班级凝聚力。未来我将会继续开展团体辅导活动，让班级变得更加团结。

第四单元

学会正确学习

主题1　学习要铆足劲——激发动机

（一）高中生常见学习动机问题及其分类

高中生缺乏学习动机往往表现为上课睡觉、不注意听讲、缺乏学习的自主性、不按时完成作业、厌学等。当班级中个别学生出现这种情况时，班主任要及时干预，避免其他同学受到影响。

班主任在判断学生学习动机问题时需要结合具体情况，如学生的学习动机缺乏是否由突发事件导致，是否在近期才出现。如果存在其他事件，则需要先帮助学生解决问题。

按照动机的来源，学习动机可以分成内部动机和外部动机。其中，内部动机相对而言更加稳定、持久，例如求知欲。外部动机是被动且不稳定的，例如教师的表扬。内部动机和外部动机共同影响着学生的学习行为。

下面就让我们一起来看看如何激发学习动机吧！

（二）主题活动篇

学习动机能够激励学生朝着学习目标不断努力，是学习的动力源泉。学习动机强的学生会预先设定好目标，并且根据目标不断调整自身的状态，通常能够在学业上取得较好的成果。对于高中生来说，学习是第一要务，激发学生的学习动机则是帮助学生取得优异成绩的第一步。本篇旨在帮助学生认识并激发当前的学习动机，促使学生建立目标、制订计划，为学业上的优良表现打好基础。

现在让我们一起来开展主题班会和团体活动吧！

主题班会——学习"心"动力

设计目标

通过小组讨论和课堂活动的形式，帮助学生发掘探索自身的学习动力，寻找提高学习动力的方法。引导学生通过设立学习目标来提高学习动力。

实施步骤

★ **步骤1**：拍"7"（5分钟）

设计意图：采用课堂活动的形式，激发学生的兴趣，同时导入主题。

游戏规则：让学生从1开始报数，当遇到7或7的倍数时就省略，以拍手代替。

学生反馈：完成一轮后询问学生愿不愿意来第二轮，学生可能愿意，也可能不愿意。

班主任语　游戏中同学们都积极地挑战自己，大家都动力十足，我们面对学习时动力又如何呢？游戏中同学们都不愿意参与第二轮游戏，缺乏动力对我们会有什么影响，我们面对学习缺乏动力又会如何呢？

★ **步骤2**：动机九宫格（10分钟）

设计意图：以活动的形式让学生自主探索并交流目前的学习动机有哪些。

游戏规则：要求每位学生在九宫格内填写目前各自的学习动机，尽量填满九宫格，填写完成后在组内分享交流。如果学生发现有同学填写的动机与自己填写的一致，就在九宫格对应的一栏画上圆圈，当横、竖或斜向的三个

懂心理，做好班主任

圆圈连成一线时，则用直线画出示意，并大喊一声："BINGO！"

班主任语 同学们能不能尝试将我们写下的学习动机归类？

学生反馈：通常学生能够很快地将父母赞赏、老师表扬、考上好大学、找到更好的工作、从事感兴趣的职业等归为外部动机，将完成任务时体会到的成就感、对学习的兴趣等归为内部动机。

班主任语 外部动机能够为我们带来短暂的动力，但是从长远看，内部动机才是促使我们在学习上取得进步的"助推器"。我们需要不断发掘学习的乐趣，利用好内部动机，才能够学有所成。

★ 步骤3：学习动机大探究（10分钟）

设计意图：通过提问与互动的方式，引导学生主动探索提高学习动机的方法。

班主任语 每个人对不同学科的感受不同。我们在各个学科的学习动机强度是多少？能否寻找方法提升自己弱势学科的学习动机呢？请同学们填写表格，并在小组内讨论分享。

※实用工具

学习动机大探究

语文	数学	英语	××	××

为自己在不同学科的学习动机打分，满分是5分，其中1分是最低分，5分是最高分。

1. 我在哪一门学科的学习动机最强：_____

2. 我在哪一门学科的学习动机最弱：_____

3. 有什么方法可以提高我在弱势学科的学习动机：_____

_____

★ **步骤4**：学习激励卡（15分钟）

设计意图：通过让学生使用学习激励卡，设定高一期末、高二期末和高考的学习目标，通过目标设定调动学生的学习动机。

*知识要点

※实用工具

我的学习激励卡

目标大学（分数）	学科				各年录取分数线		
					2020年	2021年	2022年
	语文	数学	英语	××			
我的现状							
高一期末目标							
高二期末目标							
高考目标							

班主任语　活动总结（例）："学习目标的制定是提升学习动机的好方法，当我们发现自己在学习上有所懈怠时，可以用目标来激励自己。"

◦◦◦◦ **团体活动——学习有目标** ◦◦◦◦

▍▶ 设计目标

引导学生学会科学合理地设定目标，掌握达成目标的方法，增强学习动力。

活动准备：彩笔、课件、我的目标画像作业纸。

活动时间：80分钟。

▍▶ 实施步骤

★ **步骤1：蒙眼画画（15分钟）**

设计意图：通过游戏引起学生的兴趣，引导学生发现，自己在能够看到目标的情况下，行动会更有效，从而导入主题"目标"。

游戏规则：

（1）班主任在黑板上画出三张脸的轮廓，但是没有五官。

（2）找一位学生为这三张脸画上五官。其中，第一张脸由该名学生蒙住眼睛后绘制，第二张脸由该名学生在另一名学生指导下绘制，第三张脸由该名学生睁眼绘制。

（3）询问画画的学生："对比画出的这三张脸，感受有何不同？"

（4）询问指导画画的学生："指导中有何感受？"

（5）询问未参与游戏的学生："在游戏中发现了什么？"

> **班主任语** 当蒙着眼时，我们什么都看不见，哪怕有人指引，也难以画对位置。但是如果我们能知道在哪个位置画，找准目标位置，就可以轻松完成。同理，在学习中，当我们找准目标时，也能够事半功倍。

★ **步骤2**：时光之旅（15分钟）

设计意图：让学生对未来生活进行畅想，引导学生进入高三的情境，制定学习目标。

游戏规则：班主任引导学生畅想未来，为自己设定两年后的学习目标，记录在作业纸上并在组内分享。

班主任语　（1）现在，请大家闭上眼睛，调整自己的坐姿，让自己处在一个非常舒服的状态，慢慢调整呼吸。深深地吸一口气，吸气……呼气……想象自己来到两年后的某一天。

（2）现在是两年后某一天的清晨，你来到班上，同桌提醒你快要上课了，第一节会是什么课？你抬头打算看看时钟，发现黑板报上赫然写着距离高考还有30天，你感觉怎么样？

（3）课后，你发现关系较好的几个同学在聊天，你凑过去一听，发现他们聊的话题是择校。你心里有没有确定的答案呢？你现在最有把握的学校是哪所，这所学校在哪个城市？你想学习的专业是什么，要怎样的成绩才能进入这所学校呢？

（4）一天的课程很快就结束了，你吃完饭回到宿舍，其他舍友在寝室自主学习，整个宿舍都静悄悄的。接下来，你会做些什么？

（5）你完成了所有任务，现在你躺在床上，缓缓地进入了梦乡。现在时间回到当下，我数到'1'我们就睁眼回到课堂。3……2……1。

★ **步骤3**：我的目标画像（40分钟）

设计意图：教授学生SMART原则，让学生能够科学地制定目标。通过目标画像的绘制，引导学生制订达成目标的计划（短期目标）。

游戏规则：

（1）班主任向学生们讲解SMART原则：S——目标必须是明确具体的；M——目标能够衡量；A——目标是可实现的；R——目标与目标间是有关联的；T——目标是有时间限制的。

注：可以配合示例进行解释。

（2）要求学生按照SMART原则调整目标。

（3）让学生使用彩笔绘制自己的目标画像，在画像内部写上修改后的目标。

班主任语 我们想象两年后达成目标的自己是什么样的，把这个自己画出来。

（4）班主任询问学生，"要达到这些大目标，我们在半个学期、一个学期、一年后要达到什么样的小目标？""目前阻挠我们的最大阻力是什么？""为了实现目标，我该怎么做？"让学生将这些问题的答案写在对应位置。

（5）学生在小组内进行讨论并分享。

班主任语 接下来我们请小组代表展示并说明自己的目标画像。

★ **步骤4**：分享我的目标画像（10分钟）

设计意图：班主任引导学生进行总结，让学生在互相交流中学习实现目标的方法。

游戏规则：小组代表展示并介绍自己的目标画像。

班主任语 目标的达成不是一蹴而就的，需要拆解成一个个小目标。有那么多学习方法为我们助力，相信最终我们都能达成目标。

（三）个人辅导篇

辅导原则

当班级中个别学生出现学习动机问题时，班主任应该保持怎样的态度去面对他们呢？

原则1：耐心沟通

无论是学习动机的建立还是学习成绩的提高，都是长期且艰巨的过程。

班主任要时刻关注学生的学习动向，对学生的学业表现进行反馈并及时沟通。必要时还需要与家长沟通交流，了解是否存在阻碍学生学习的因素，比如，近期家庭中的突发事件影响了学生的状态等。

原则2：积极鼓励

学习问题的产生，往往与学生过去在学习上的失败经历有关。这些失败的经历会让学生不断怀疑自身，产生自卑心理。班主任在对待这些学生时，不仅要对这些学生在学业上取得的进步及时地给予肯定，更要以"多元"的角度看待这些学生，发现学生身上的"闪光点"，引导学生发挥自己的优势。

常见问题与辅导策略

◆**个案分析**：我们班某位学生沉迷网络，家长反映其在家从不学习，只知道打游戏，在学校里不认真听课、经常神游，考试成绩也不理想，我该怎么帮助这位学生呢？

◆**辅导策略**：帮助学生摆脱对网络的依赖、培养学习动机是一个长期的过程，需要家长和班主任的共同努力。班主任可以从以下几点进行努力。

1. 找出根源

与学生进行深入沟通，找出学生沉迷网络的背后原因，了解是否因为重大事件打击、人际交往受挫而出现网络成瘾问题，并对背后的原因进行分析。

2. 积极反馈

在校时，班主任要对该生给予尽可能多的关注，在该生每一次取得进步时都做出积极的反馈。

3. 家校配合

班主任要及时与家长沟通学生的学习情况，家长也由此给予学生相应的表扬和适当的物质奖励。同时对学生的上网时间进行严格限制，并且逐步减少，例如，每过3天就减少1小时的上网时间。

罗森塔尔效应：当教师对一个学生的期待值很高时，这个学生往往会受到影响而达到预期效果。

（四）实践者说

我班学生之前普遍存在学习动力不足的情况。我尝试着用本篇内容教授的方法上了一节课，帮助学生找到了提高学习动力的方法，让他们互相交流，彼此都有所启发。目标的制定也让他们产生了紧迫感，课后查询完高考录取分数后，学生更加明确了自己的努力方向。我可以很清晰地感受到班级氛围的转变，令我非常惊喜。当然，部分学生仍存在学习动力不足的问题，我将继续努力"对症下药"，帮助他们克服学习困难，提高学习效果。

主题2 学习要用方法——传授策略

（一）学习风格及学习策略

进入高中之后，学生在学习上开始面临更多的挑战，学习难度也更大了。相对于初中，高中生学习的知识更加深刻、范围更广，而对中职生来说，更有全新的实训课，需要将理论与实际相结合。这些变化不仅要求学生有更强的自主学习能力，还需要学生积极转变学习策略以适应更高要求的学习任务。

学习策略主要可以分为记忆策略和时间管理策略等。学习风格是学生在学习时偏好的方式，分为擅长通过视觉接受知识的视觉型、擅长从音频等渠道接受知识的听觉型、擅长通过文字获取知识的读写型和擅长通过实践获取知识的操作型。当采用与学习风格相匹配的学习策略、恰当的记忆策略和时间管理方法时，学习往往能事半功倍。

部分学生已经有意识地去运用一些学习策略，但是还是有很多学生仅仅停留在"知"，而未落实到"行"，因此班主任需向学生传授并指导学生实行相应的学习策略。

下面就让我们一起来看看有哪些学习策略吧！

（二）主题活动篇

学习是学生在校期间的核心任务，也是各班主任重点关注的方面。优异

的学习成绩不仅会为学生的高考提供助力，还能够帮助学生快速建立自信。学习能力并非学习效果的决定因素，适宜的学习方法才是有效学习的关键。本篇旨在帮助班主任引导学生找到自己的学习风格，传授并引导学生使用相应的学习策略。

本篇设置了3个主题班会以供选择，现在一起来开展主题活动吧！

主题班会——我的学习风格

设计目标

通过教学活动和知识点讲授，使学生认识到每个人的学习风格都有所不同，针对不同的学习风格可以采用不同的策略。引导学生发现自己的学习风格，找到适合自己的学习策略。

实施步骤

★ **步骤1**：瑞瑞的故事（10分钟）

设计意图：通过阅读瑞瑞的故事，引导学生去发现不同的学习风格，当学习风格适应自身时，就会有良好的学习效果。

学习材料——瑞瑞的故事：

瑞瑞的学习成绩较差，尤其是语文，一直是弱势学科。他尝试了很多种方法，包括课后多背诵、多读，但是收效甚微。一次课后，他将学习内容以图表的方式绘制了出来，发现记忆效果非常好。从此以后，瑞瑞的语文成绩得到了质的提升。

班主任语 我们能从瑞瑞的故事中发现什么呢？当我们找到适合自己的学习方法时，学习效率就能够快速提高。学习方法的选择则依赖于学习风格，接下来让我们来测一测各自的学习风格。

★ **步骤2**：我的学习风格（15分钟）

设计意图：通过学习风格测验，让学生发现自己的学习风格是视觉型、听觉型、读写型或是操作型，体验找到自己学习风格的成就感。

班主任语 通过测验，我们找到了适合自己的学习风格，接下来大家一起来看看这些学习风格有什么特点，以及相对应的学习策略。

★ **步骤3**：学习风格（15分钟）

设计意图：向学生解释不同学习风格的特点、适合的学习方式，让他们学会在学习中应用。

*知识要点

视觉型
　特点：观察力敏锐，善于通过图片、影片、图表等获取信息
　方法：制作书签、图表，画思维导图

听觉型
　特点：听课效率高、喜欢通过听的形式学习、易在听觉上被干扰
　方法：大声朗读、听录音、听演讲

读写型
　特点：对文字敏感，喜欢文字展示的信息，擅长阅读和写作
　方法：把图像信息用文字说明、记笔记、将知识要点罗列

操作型
　特点：喜欢通过双手参与来获取知识，热衷于实践
　方法：教别人、上课直接参与操作

★ **步骤4**：总结升华（15分钟）

设计意图：引导学生有意识地采用适宜的学习方法，同时让学生明白，就算找到学习方法也不能够懈怠，学习并不是一蹴而就的。

班主任语 当学习方法和学习风格相对应时，我们的学习能够达到事半功倍的效果。但是，这并不是一条捷径，不管使用什么样的方法，我们都必须不断地练习。

主题班会二——记忆有妙方

设计目标

采用讲授式教学法和讨论式教学法相结合的方式，通过课堂活动引导学生发现记忆的规律。向学生介绍艾宾浩斯遗忘曲线，使学生从遗忘的过程中探索记忆的方法与诀窍，让学生体验到掌握记忆方法的成就感。

实施步骤

★ **步骤1**：初探记忆（5分钟）

设计意图：使用视频的形式导入，激发学生的兴趣，引出主题"记忆"。

教学素材·记忆：电视剧《射雕英雄传》片段。

班主任语 视频中黄蓉有过目不忘的能力，虽然我们很难达到这样的程度，但是我们可以通过掌握记忆的规律和方法来提高记忆力。

★ **步骤2**：记忆锦囊——中间的材料不易记（5分钟）

设计意图：通过材料的呈现与学生的反应，引导学生发现记忆的第一条规律，即中间部分的材料容易忘，开头和结尾的材料更加容易记忆，并由此推导如何将其应用到学习中。

活动规则：屏幕中央呈现15张人脸及对应的姓名，要求学生记忆1分钟后分别按照呈现的人脸说出对应的姓名。

学生反馈：通常在记忆第一行和最后一行的人名时记忆效果较好，或可以在同学提醒下回答；但是对中间部分人名的记忆效果不佳。

班主任语 我们发现，在面对许多需要记忆的内容时，我们往往对最开始出现和最近出现的内容印象更加深刻。这条记忆规律在学习中也可以得到很好的应用，比如，我们可以按照知识的重要性排序，将最重要的知识放在最开始或是最后记忆，也可以打乱学习的知识的顺序，不遗漏每一个知识点。

★ 步骤3：记忆锦囊二——有意义的材料更容易记忆（15分钟）

设计意图：通过活动让学生充分体验并发现记忆的第二条规律，即有意义的材料更加容易记忆，并由此引出可采用的记忆策略。

活动规则：

（1）在屏幕上呈现一首生僻古诗的拆解文字，要求学生在1分钟内记住并默写。

注：呈现的拆解文字顺序可打乱。

（2）向学生呈现古诗原文，并询问："能否发现记忆的第二条规律？"

学生反馈：要对原先古诗的内容熟悉，内容和内容之间要有联系等。

班主任语 记忆的第二条规律就是有意义的材料更容易记忆，因此我们在学习知识的过程中要有意识地、积极地为内容赋予意义。

（3）向学生介绍谐音法和联想法，并出示例子让学生尝试。

注：谐音和联想的内容越离奇或越超乎常理，记忆的效果就越好。

班主任语 谐音法和联想法是我们在记忆中经常会使用的策略，这两类方法为知识赋予了意义，也让我们的记忆更加深刻。

★ 步骤4：记忆锦囊三——使用组块进行记忆（15分钟）

设计意图：让学生体验并发现记忆的第三条规律，即将材料拆解成不同组块更加容易记忆，并由此向学生介绍组块记忆的容量。

活动规则：

（1）向学生呈现一长串数字，要求学生用1分钟时间记忆。

注：例如197820187230203440。

（2）询问学生采用什么样的方法记忆。

学生反馈：将数字拆解为几部分，如"1978 20 1872 30 2034 40"或

"19782 0 18723 0 20344 0"。

（3）向学生介绍记忆的容量：7±2个组块。

> 班主任语 我们的大脑对事物加工的容量是有限的，常常把事物拆分成组块进行加工，研究证明，记忆的容量一般不超过7个组块，这要求我们在学习中对知识进行拆解时，一般不拆解超过7个部分。

★ **步骤5**：记忆的遗忘曲线（15分钟）

设计意图：班主任通过向学生呈现艾宾浩斯遗忘曲线，引导学生发现遗忘的规律，由此得出记忆的方法。

活动规则：介绍、呈现艾宾浩斯遗忘曲线，并询问学生："你们能从图片中发现什么规律？"

学生反馈："刚开始忘得快，之后忘得慢""随着时间的推移，记忆效果越来越差"。

> 班主任语 遗忘的进程是不平衡的，一开始遗忘得更快，随后遗忘速度变慢，针对遗忘的规律，我们应当做到及时复习，在记忆完成后24小时内就进行复习，及时巩固记忆的结果，随后逐渐减缓复习的频率。

（三）个人辅导篇

常见问题与辅导策略

◆ **个案分析1**：我们班某位学生反映自己在英语学习中遇到了瓶颈，尽管花了很多时间，学习还是没有什么进展，我该怎么帮助他？

◆ **辅导策略**：学生学习遇上瓶颈期，在学习上感到焦虑是正常现象。班主任遇到此类事件首先需要对学生的学习态度表示肯定，接着从以下几个方面给学生提出建议。

学习的高原现象：在学习或技能的形成过程中，出现的暂时停顿或者下降的现象。

1. 调节心态，正确认识瓶颈期

遇到瓶颈期，学生往往会认为成绩停滞是由于自己能力不足，甚至自我怀疑。我们可以告诉学生，"学习中的瓶颈期是客观存在的，不管是谁都会遇上这类问题，这与你的个人能力无关，你不需要为此感到失落、沮丧，只要找准方法，就可以成功突破瓶颈期"。

2. 分析原因，找出方法

发现现阶段学生在学习上存在的问题，是否由于过度焦虑而导致自己身心疲惫，缺乏有效的休息；是否没有根据学习任务的加深及时变换学习方法，导致产生了很多无用功。例如，我们可以引导学生从多个角度对知识进行梳理归纳，全面掌握知识。

3. 继续努力，静待突破

如果在变换方法后还是没有取得进展，这时我们就要告诉学生将注意力转向其他学科，静静等待，在等待的过程中，也许他就会取得新的突破。

酝酿效应：在问题解决过程中遇到困境时，可以暂时将问题放在一边，进入一个酝酿阶段，而后对解决问题起到促进作用的现象。

◆ 个案分析2：我们班某位学生每次考试取得的成绩都不理想，他向我说明了自己的挫败感，并且表示以后不想再努力了，我该如何帮助他？

◆ 辅导策略：不恰当的归因方式导致这名学生不断产生挫败感，甚至不想努力，班主任可以尝试通过以下几个方面来转变该名同学的想法和行为。

1. 改变现有的归因方式

通常情况下，当学生将考试失败归因于自身能力不足时，会产生强烈的负面情绪，例如，自卑感和挫败感。而将考试失败归因于努力不足则会让学生更加努力。此时，班主任可以通过让学生回忆最近对学习的时间安排，引导学生发现在学习上的努力不足。同时，班主任在与学生进行交流时，可以用"你最近是不是上课没听懂，努力不够，所以这次考试没有考好"替代笼统的"你这次××学科的成绩不好"。

归因：我们对成功和失败的解释会对以后的行为产生重大的影响。将失败归因于能力缺乏，会认为以后的考试还会继续失败。

2. 为学生创设成功经验

当学生不断努力但是持续失败时，就会形成"努力也没有用"的惯性思维，直至不再尝试。此时，班主任及各科任老师可以通过适当降低课堂测验的难度、问学生简单的问题来提升学生在学习上的成就感。

习得性无助：当人在某件事上不断遭遇挫折，便会感到自己对现状无能为力，做什么都是无济于事的，从而不敢再轻易尝试。

3. 引导学生回忆成功经验

尽管学生反复强调每次成绩都不理想，但是总会有那么几次成功的经验，班主任可以询问学生"最近一次你考试成绩比较好是什么时候，你做了哪些准备才取得这个成绩"，让学生自主发现自己并非次次都失败，只是需要做足准备，才能够体会到成功。

4. 建立恰当的学习动机

学习动机过强或过弱，都会阻碍学生在测验中取得好成绩。班主任可以让学生自行根据测验的难度，在考试中调整学习动机、降低预期，如当试卷较难时可以告诉自己"这次考试有些难度，我不一定能够拿到好的分数"。

耶克斯－多德森定律：动机的最佳水平随任务的性质不同而不同，在比较简单的任务中，工作效率随动机的提高而上升；而随着任务难度的增加，动机的最佳水平有逐渐下降的趋势。

（四）实践者说

我发现班上很多学生在学习上存在困扰，以此为契机，我开展了相应的主题班会课。开始时我很担心教授的内容太过简单，但学生课后的反馈打消了我的顾虑：学生表示，通过进行系统的总结，在这堂课后自己能够更主动地应用学习策略。

微信扫码
- 教育心理学
- 精品入门课
- 心灵体检室
- 知识资讯站

主题3　学习要有规划——管理时间

（一）学习的时间管理问题

自主学习能力是取得学业进步的重要因素。然而，少有学生能够做好自主管理和规划。进入高中后，部分学生由于寄宿生活缺乏父母的督促，自身也缺乏独立性，学习成绩一落千丈。需要说明的是，这种成绩上的下降并不代表着学生能力不足，只是由于他们没有有意识地管理和利用好时间。此时，班主任可以传授给学生时间管理的技巧，帮助学生摆脱困境。

通常在进行时间管理时，我们会按照紧急、重要两个维度将事件分成4个象限，分别为重要且紧急、重要但不紧急、紧急但不重要、不重要且不紧急，对这4个象限的事件进行合理安排并执行，才能够保证效率最大化。

下面就让我们一起来看看怎样进行时间管理吧！

（二）主题活动篇

学习并不只是与努力、能力和学习策略有关，学会合理规划也可以提高学习效率。好的习惯是成功的一半，科学的时间管理对培养良好的学习习惯至关重要。怎样帮助学生意识到时间管理的重要性，合理地安排与规划时间呢？本篇旨在传授学生时间管理的方法，并引导他们有意识地使用它。

现在让我们一起来开展主题活动吧！

主题班会——时间管理有妙招

设计目标

通过课程让学生意识到时间的珍贵，让学生发现自己在时间安排上存在的不足，通过传授时间管理的方法，让学生能够掌握正确的方法进行时间管理。

活动时间：40分钟。

实施步骤

★ **步骤1**：体验1分钟（5分钟）

设计意图：使用游戏活动调动同学们的热情，由此引出主题"时间"。

活动规则：班主任要求学生猜测自己1分钟能够鼓掌的次数，随后统计学生1分钟实际鼓掌次数。

学生反馈：在猜测时，学生会猜有60次、100次、150次等，但是在操作中，实际鼓掌数会远远超过预期。

班主任语 1分钟的时间我们可以做很多事，从简单的鼓掌到背几个英语单词，我们能够利用的时间远比想象的要多。

★ **步骤2**：我的一天（15分钟）

设计意图：通过撕纸的活动，让学生意识到时间的宝贵，可利用的时间不多。事件清单则让学生发现日常存在的时间浪费现象，由此引出时间管理的法则。

活动规则：

（1）让学生列出自己在过去24小时经历的事，制作一份事件清单。

（2）给每位学生分发一张长纸条，代表24小时的时间长度。让学生依次撕去睡觉、吃饭等时间，余下的纸条代表可以利用的时间。

（3）询问学生："我们还余下多长时间，剩下的这些时间大家是怎么利用的？"并请学生分享每日的时间利用情况。

学生反馈：往往可以在同学们的分享中发现许多时间浪费的情况，如长时间看手机、玩游戏等。

> **班主任语** 除去睡觉、吃饭等日常时间，我们能够利用的时间是非常有限的，如何利用好这一部分时间就成了重要的话题。时间管理的"四象限法则"也许能够帮到我们。

★ **步骤3**：时间管理"四象限"（15分钟）

设计意图：向学生介绍时间管理的"四象限法则"，将事件按照紧急和重要两个维度分成4类，引导学生根据事件的轻、重、缓、急安排顺序，并且将自己的事件清单中的内容放入"四象限"中。

*知识要点

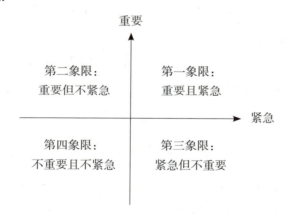

> **班主任语** 当我们面对重要且紧急的事件时，要马上去做；重要但不紧急的事件可以放入我们的计划表；紧急但不重要的事件可以与他人一起分担；不重要且不紧急的事件可以暂时放弃。

★ **步骤4**：头脑风暴（5分钟）

设计意图：通过提问与互动的方式，让学生整理出可提高时间利用效率的"妙招"。

学生反馈：意识到改变拖延的习惯，如在特定时间专注做一件事等。

班主任语 同学们整理出了那么多提高时间利用效率的妙招，这些方法都可以帮助我们更好地管理时间。有些同学可能会觉得这些方法不是那么适合自己，那么也可以不断尝试新的方法，直到找到适合自己的。

（三）个人辅导篇

常见问题与辅导策略

◆ 个案分析1：我们班某位学生反映自己在写作业时经常走神，每次作业都要写到很晚，严重影响了休息。我该怎么帮助他？

◆ 辅导策略：学习时效率低下，不能按时完成作业，这可能与这位学生注意力不集中有关。我们可以给出以下几点建议。

1. 创设适宜学习的情境

在开始学习之前要创设良好的学习情境，比如，可以清理桌面，将易导致自己分心的物件收拾好；选择较安静的房间或去图书馆。

2. 使用工具

使用番茄工作法，首先选择一项待完成的工作，设置番茄工作时间（25分钟），在这个时间内要保持专心，直到25分钟期限到，短暂休息一段时间（5分钟）再学习。

◆ 个案分析2：某位"后进生"想要好好学习，他表示尝试了一段时间，但总是很难克服自己拖延的习惯，现在已经有些想放弃了，我该怎么帮他？

◆ **辅导策略**：拖延是一种很常见的现象，当学生由于时间管理不当而想要放弃时，我们首先要告诉学生"有很多同学都有这样的困扰"，以此减轻学生的沮丧，帮助学生重新振作。接着，我们可以从以下几点给出建议。

1. 学会制定目标

目标制定时要满足具体、有时间限制、可以达到、可衡量、与自己总体目标相关联等条件。同时，学会将目标拆分成一个个小目标，通过完成小目标逐步实现最终目标。

2. 寻找见证者

当制定完目标后，可以把目标告诉同学、朋友甚至老师，主动寻求他人的监督，在他人的压力下，会更少出现拖延。

3. 设置奖励

当完成一个目标时，给予自己恰当的奖励，奖励内容可以是休息10分钟、听一首歌、吃一包零食等。

特殊学生处理

当班主任遇上某些学生存在严重的注意力不集中等情况时，要及时告知家长并判断是否需要寻求专业医生的帮助，同时可以建议学生训练自己的注意力。

（四）实践者说

我发现班级中很多学生不会做学习规划，这大大影响了他们的学习效率，于是我开展了这次班会课。学生听得很认真，相信他们以后能够更好地使用这个方法，做好学习规划，提高学习效率。

第五单元

认识全新的自己

主题1 不曾认识过的自己

（一）迷茫是认识自我的开始

德尔菲阿波罗神庙入口的门廊上镌刻着三句箴言，其中一句是"认识你自己"，精练的5个字道出了这个世界上最难也最有意义的事情。

随着年龄的增长，高中生探索自我的意识也会逐渐强烈。他们处于探索自我同一性的关键期，会反复思考"我要成为怎样的人""我会有怎样的人生"等问题，对自我进行确认，对有关自我发展的问题进行思索。他们常常觉得自己是个成年人，希望独立不被干涉，又时常觉得自己很幼稚很迷茫，不知道自己到底能否成功。由于高中生还没有形成客观而稳定的自我认知，因此很容易受到外界事件的影响，比如，他人的评价、一次偶然的结果等，都会使其变得更加困惑。

高中生在自我认识上的问题主要体现在以下两个方面：一是对自我的探索浅显、没有方向；二是对自己的认识不够客观、全面、稳定。针对这两个方面，我们要帮助学生扩大对自己的认识，走近那个不曾了解过的自己。

（二）主题活动篇

自我意识包括个体对自身的认识以及自身与周围世界的关系的认识，是对自己存在状态的一种觉察。这种存在状态，包括对自己本身、自己与他人的关系以及自己与周围环境的关系的认识。对成长中的高中生来说，健康的自我形象和不断成熟的自我认识，对其人格的形成、人际关系的经营、学习态度的改善和学业能力的提升都具有一定的帮助。

本次主题活动分主题班会和团体活动，这里分别提供了两种不同的方案供大家参考。现在让我们一起来开展主题活动吧！

主题班会——新名片生成记

设计目标

（1）理解自我意识及其3个分类。

（2）让学生开始觉察自己，会从3个层次介绍自己。

（3）激发学生探索自我的热情，促使学生在日常生活中使用多种途径扩大对自己的认识。

课前准备：每人1张彩纸，名片大小。

实施步骤

★ **步骤1：热身活动：大风吹（5分钟）**

设计意图：营造良好的课堂氛围，同时于无形中让学生意识到自己身上的特点，引出本节课的主题。

教师："大风吹。"

学生："吹什么？"

教师："吹穿红色短袖的同学（特征可以不断更换）。"

教师说到的特征，只要学生认为自己符合，就快速站起来示意。

活动说明：教师需要根据班级学生的不同特征展开，如单眼皮、短发、长得好看等，但是需要涉及一些"心理我"和"社会我"的特征，例如，性格内向的、人缘好的、热爱篮球的、曾经当过班委的……

涉及"心理我"和"社会我"时，同学们就会开始思考，站起来的速度也会慢，不用着急，耐心等待。

★ 步骤2：自我意识（5分钟）

借助热身游戏，给学生讲解自我意识的定义、分类。

心理学上经常把自我意识分为"生理我""心理我""社会我"这3个层面。

生理我　侧重于个体对自己身体生理状态的认识和评价

比如颜值、身材、疾病、舒适感、温饱感等

心理我　侧重于个体对自身心理状态的认识和评价

比如性格、品质、某种体验、愿望、能力、气质、兴趣、意志等

社会我　侧重于个体对自身与外界客观事物和人的关系的认识和评价

对自己在一定社会关系中的地位、作用以及自己与他人关系的认识和评价

★ 步骤3：我的新名片（10分钟）

设计意图：自我介绍在人生的每个阶段都可能用到。此活动可以帮助学生改善枯燥的报户口式的自我介绍习惯，通过书写新的自我介绍，加深对自己的了解。

班主任语　有一天，天神在人间巡视，恰巧碰到了你。天神问："你是谁呀？你是一个怎样的人呢？请你书写一张介绍自己的名片交给我吧。"

注：提醒学生根据刚才讲过的自我的3个分类，更加全面地描述自己。肯定学生写的新名片，帮助学生剔除同一类型里比较多的方面。

★ 步骤4：我的新名片2.0版（20分钟）

设计意图：传递和丰富名片，可以让组内同学从他人评价的角度，帮学生更加全面地认识自己。

班主任语 山本耀司曾说："'自己'这个东西是看不见的，撞上一些别的什么，反弹回来，才会了解'自己'。"这里的"别的什么"可能是你参加某次活动的触动，也可能是读到一本好书的感悟，还可能是人际交往中来自他人的评价。其实，主动听取别人的评价是认识自己的一个重要途径，尤其是那些与你的自我概念不一致的描述，将更加有助于你建立清晰且丰富的自我认识。请在小组内依次传递你的名片，恳请他人在名片上继续丰富完善。

注：需要跟学生强调，只有包容的态度才能听到别人对自己最真实的反馈。另外，还需要避免个别学生因私人感情因素对他人进行恶意评价。

班主任点评：首先，当学生看到收回来的自我名片后，肯定或同理学生产生的所有感受，鼓励其表达出来。其次，引导学生思考如何面对与自我概念不一致的描述，如"那可能是另一个你未曾注意到的自己"。

课外延伸

主题班会时间短且班主任无法在一节课内关注到每一位学生的分享和感受，适当的课外延伸不仅可以强化主题班会的教育效果，而且可以让班主任看到每一位学生课后的反思、进步。请同学们以身边的教师、家人等为"镜子"，找寻更加完整的自己吧！

团体活动——爱自己，从认识自己开始

设计目标

引导学生意识到认识自我的重要性，觉察自我存在的状态；引导学生内观自己，从各个角度对"我是谁"这个问题进行思考；引导学生从别人眼中

进一步看清自己，审视自己的未知区域；引导学生借助科学的心理测验来更好地了解自己。

活动准备：轻音乐、每人3份性格打分表、每人1张彩纸、每人1支黑笔、每组1盒彩笔、每人1份气质测验量表。

活动时间：80分钟。

实施步骤

★ **步骤1**："我是谁"纸笔游戏（15分钟）

设计意图：测试学生自我觉察的程度。通过共同分享，了解班级学生的状态。

<u>班主任语</u> 请同学们结合导学案例上的"生理我""心理我""社会我"的分析，在3分钟内，以"我是""我曾""我想"开头，写出尽可能多的句子。这些句子要能够回答"我是谁"这个问题。

注：学生完成书写的过程，可以伴随轻音乐或以3分钟轻音乐计时。

活动分享：需要讨论的问题：

（1）你写了多少个句子？

（2）你写的句子里积极描述多还是消极描述多？

（3）你的句子里"生理我""心理我""社会我"分别有多少个？

（4）你的句子里指向未来多还是过去多？

（5）请对这些句子进行排序，关于你的核心、最重要的描述排在最前边，以此类推。为什么要这样排序呢？

（6）请用一个词形容这个游戏带给你的感受。

班主任点评：写得比较多，则说明学生自我觉察意识较为强烈。积极句子多，则该生自我概念较为正面；"生理我"句子少，说明自我意识已经发展到较高层面；指向未来句子多，说明该生对未来有所期待；排序则可以看出一个学生重视自我意识里的哪一部分。可以根据这些，分别对学生的分享进行反馈。

　　★ **步骤2**：我的"自画像"（15分钟）

　　设计意图：让学生在有安全感的环境下，通过画自画像进行深层次的自我体验和探索。学生通过展示自画像，向大家呈现内心的自我，通过对自画像的讨论，认识到自己眼中的自我和别人眼中的自我。

　　注：播放轻松的背景音乐，给每个学生1张彩纸、1支铅笔。

班主任语　请同学们利用10分钟的时间，在彩纸上画一张"自画像"。可以是自己的肖像画，也可以是抽象的比喻画，比如一种植物、动物、乐器、食物、颜色、工具等。也可以使用不同的颜色，表达出自己的特征就行。画完之后，请同学们为这幅画配上一小段注解。

　　分享：首先小组内互相交流，讲一讲为什么要用这个物体或形象来代表自己？这幅自画像画的是什么，什么颜色，什么时间，多大，有无生命，有哪些特点？它的什么特点能代表自己呢？你在活动中还感悟到了什么？（如果有学生不愿意与他人分享，应当尊重他的意见）

　　班主任点评：鼓励学生不要过分在意自己的绘画技能，最重要的是在绘画过程中思考自己有哪些特点，并在纸上充分呈现出来。

　　★ **步骤3**：猜猜TA是谁？（15分钟）

　　设计意图：在引导学生进行认识自我的过程中，同时培养其自我评价的能力。中学生心理健康教育研究显示，中学生在对别人的评价和对自己的评价中，常常带有强烈的主观性，自我评价能力落后于评价别人的能力。评价别人较清晰，评价自己较模糊。本活动借用游戏的形式，让学生展示出对他人的评价，并通过"猜一猜"游戏，让学生在活动中体会到他人评价的丰富性，以及激发学生探索未知自己的好奇心。

班主任语　请同学们拿出一张纸。请写出你想介绍（给新同学××认识）的小伙伴的名字。小伙伴仅限于我们这个活动里的人。请你从尽量多的方面对你的小伙伴进行描述和评价。不用署自己的名字。

活动规则：回收学生介绍小伙伴的纸条。教师随机抽取纸条，念出来，请学生猜一猜纸条里描述的人是谁。

分享：猜中的学生分享，从哪里看出来纸条描述的是这位同学呢？也请被猜出名字的学生说一说，是否认可这样的描述以及是否猜到这个人就是自己呢？请学生分享自己在这个活动中的收获。

班主任点评：为什么有的同学很容易被猜出来，有的不容易呢？为什么大家都猜出来是这位同学，而他却没有意识到呢？这是否说明，每个人身上都有不曾认识的自己？

★ **步骤4**：学习"乔哈里窗"理论（10分钟）

班主任讲解：心理学家乔瑟夫·勒夫和哈里·英格拉姆曾把自我分为4个区域——公开的自我、盲目的自我、隐秘的自我、未知的自我。

（1）公开的自我：日常表现明显的自我特点，这部分自己很清楚，别人也很了解。

（2）盲目的自我：别人看得很清楚，自己却不了解。

（3）隐秘的自我：是自己了解但别人不了解的部分。

（4）未知的自我：别人不了解，自己也没意识到的潜在自我的一些特点，需通过一些契机才可以激发出来。

班主任点评：让学生认识到，通过跟他人交流表达"隐秘的自我"，接纳他人的反馈，减少"盲目的自我"，我们对自己的认识就会更加全面和客观。

★ **步骤5**：真正的勇士敢于直面真实的评价（15分钟）

设计意图：正视他人的评价是自我意识发展中的重要方面。真正的勇士要敢于面对他人真实的评价。借此活动让学生意识到，他人对自己的真实评价，其实是有利于自身完善的。

班主任语 下面发给大家的是一张自我评价表，它可以帮助同学们清楚地认识自己的性格特点。试着以10分为满分，为自己打分。

性格特点	评分	性格特点	评分	性格特点	评分	性格特点	评分
乐于助人		友善		认真		有礼貌	
诚实		自私		幽默		害羞	
可靠		讨人嫌		好幻想		快乐	
懒惰		孤独		爱表现		有进取心	
整洁		果断		勇敢		坚强	
合群		有毅力		谨慎		勤奋	

活动规则：学生自我评价完毕后，再给学生发2张同样的性格评价表。让学生把性格评价表给到活动中任意两位同学，请他们帮忙给予评价，并告诉对方："'以铜为镜，可以正衣冠；以古为镜，可以知兴替；以人为镜，可以明得失'。请你们给予最真实的打分，帮我更好地认识我自己，谢谢你们！"

分享：请同学们对比自我评分与他人评分，说一说你的感受。有哪些地方让你诧异？有哪些地方分数差很大，为什么呢？

班主任点评：接纳学生活动中产生的任何感受，包括质疑、失落甚至攻击。引导学生坦然地接纳他人的评价，为寻到真实的、不曾认识的自己而开心。

★ **步骤6**：神奇的气质测验（10分钟）

设计意图：借助科学的心理测验，帮助学生了解气质分类，感受自己的气质类型，并且形成正确的测验意识。了解真正的心理测验跟娱乐测验的区别。

班主任语　气质是一个人的行为风格和典型反应方式，对我们人格的形成有重大影响，今天我们一起来完成气质测验，看一看自己属于哪一种气质吧！

活动说明：给每位学生发放1份气质测验量表，要求学生独立完成。

分享：小组内自愿分享自己对得分及类型的感受。

班主任点评：讲解各个气质类型的特点并列举典型人物。

附上气质测验量表及评分标准。

（三）个人辅导篇

辅导原则

埃里克森的理论认为，青少年时期的心理冲突是由于自我认同与角色混乱导致的，学生所表现出来的，无论是行为问题还是人际关系等问题，其内在原因都是对自我认知的迷茫。高中生的自我评价，常存在着一种趋利化现象，自我评价总是趋于对自己有利。比如，取得学业进步时，常不自觉地归功于自我能力高。而评价自己的失误、退步时，则会无意识地夸大客观现实中的困难，为自己的主观不够努力等开脱责任，以避免不愉悦感受的产生。不少高中生内心深处对自己的评价颇高，一定程度上显现出眼高手低、目中无人的做事风格。自尊心越来越强，却也很容易因各式各样的事情产生自卑感。而自我意识的成熟，并不像个别观念的改变一样简单易操作。面对这种情况，我们作为班主任，该以怎样的方法去引导学生呢？

原则1：不要急切纠正学生的自我认识问题

不正确的自我认识所引发的一系列问题，并不会因为被直接指出来就有所改善。自我认识中的核心观念才是我们要分析的关键。可以从侧面让学生聊一聊对这一类错误事件的看法，从根源上找出学生之所以这么认为的核心观念，给学生充分解释的机会，了解其核心观念形成的过程。

原则2：少说或不说大道理

说大道理的目的性过于直接，而且许多大道理是需要有一定的阅历才能有所感悟。针对学生不正确的自我认识，寓言故事或者身边的案例分析更能让其接纳。

原则3：耐心观察，多件事情一起处理

如果因为学生不正确的自我认识，造成严重的班级管理困扰，可以先观察和留意该生一段时间，搜集一定量的事实事件后，找合适的机会一并和学生一起探讨。单个事件的探讨容易被学生推翻。

常见问题与辅导策略

◆个案分析：我班一学生热情开朗，经常主动要求帮老师做事，成绩也不差，但同学们都不喜欢她。因为她特别爱表现自己，比如，主动宣扬自己初中是田径校队的，跑步很厉害，安排她领跑后却发现她跑步经常掉队；主动报名参加某活动，私下却到处说是班主任点名让她去的；有一点小的成绩就反复在同学中宣扬；平时听到任何评论她、质疑她的话都要生气并攻击他人，但是自己却会经常在背后说某同学家穷、某同学胖，甚至以某同学的缺点起外号。有时候别人已经很生气了，她却感觉不到，一直纠缠着要别人听她讲话。她认为自己是一个很厉害的人，别人不喜欢她是因为嫉妒她。

◆辅导策略：上述案例中的情况，在如今的中学生中并不少见。

自负心理是指无视客观事实，过高地评估自己，看不到自己的不足，盲目认为自己很厉害。自负和自卑同根源于没有正确认识自己。每个人都同时拥有优势和不足。自负的人几乎只能看到自己的优势，也容易只看到他人的缺点。存在自负心理的学生主要表现有：自视过高，常常觉得自己很特别、很厉害；固执己见，习惯将自己的观点强加于他人；无意识地抬高自己，贬低他人。存在自负心理的学生的表现还有看不起他人，一直盯着别人的缺点，却看不到他人的优点，也很少真正关心别人，会经常敷衍他人。其表现还有过度防卫：拥有超强且脆弱的自尊，当别人取得好成绩时，容易产生嫉妒心，排斥别人；当别人失败时，幸灾乐祸，不向别人提供有益信息。这类学生的心理承受能力往往比较弱，不能够忍受别人对他的评论和质疑，且非常看重面子，一旦受到挫折，又很容易变得自卑。

面对这样的学生，我们尤其要注意。这类学生虽自负但自尊心脆弱，不可直接指出他的不足并强迫其接受，这样反倒会激发学生反抗心理，甚至认为班主任不客观，对班主任产生误解，抑或是从自负变成自卑。面对这类问题学生，作为班主任，可以从以下几个方面寻找思路。

1. 透析认知

让学生写下部分事件的经过、想法、情绪，也可以直接给学生提供一个这样的列表，让学生填写。比如，本案例中，上课主动报名课下说是被迫的这件事情的想法、做这件事情的情绪。直接谈话也可以，但这类学生往往有一套属于自己的思维逻辑，与之辩解时容易陷入纯思想意识的讨论，且其防卫性较强，感受到要被批评后，就会表现出一副不走心的"顺从"，让谈话变得无效。写出来可以更加有针对性地进行分析，也能更加一目了然地看出来，哪些想法是应付老师的套话，哪些是真实的想法，更容易从中找到教育目标。

2. 矫正认知

从该生的优点入手，肯定她主动帮助老师的行为，任课老师们都很喜爱她。该学生的敌对情绪得到缓解，有利于建立良好的师生关系，为后续的矫正认知做基础准备。在此基础上，跟学生讨论，给同学起外号、讨论某同学家穷、强迫别人听其讲话等事件的影响，以及这样做给自己带来的负面影响。

3. 帮助学生形成正确的自我认识

让学生意识到不能孤立地评价自我，应当将自己放在群体中去考察。设计一些练习，比如，请学生完成"我最擅长的""我比较擅长的""我不太擅长的""我不擅长的"内容分析，所填写的每一个内容就是一个花瓣。要求学生把最擅长的涂成红色，比较擅长的涂成绿色，不太擅长的涂成黄色，一点都不擅长的涂成紫色。涂满之后学生会看到一朵色彩绚丽的花朵。班主任可以告诉学生：这朵花代表你自己有优点也有不足，优点当然可以自豪，但是不足也是构成特别的你的一部分。因为有了不足，你的整个人生才能真实多彩。

4. 行为层面

可以适当地给学生布置一些主动和同学合作才能完成的任务。要求她在完成任务的过程中，尊重他人，听取他人的意见，用恰当的方式与他人交流，让对方了解自己的想法，但是不会让对方感到不舒服。

（四）实践者说

教育者，教书育人也。而班主任更是学校教育工作的中坚力量。成年人尚可感受到认识自己是一件多么不容易的事情，对于学生这个方面的引导切不可急功近利。本篇中几个有趣的小游戏，能够把抽象的意识探索变为有形的活动，开展起来相对容易，且让我对学生有了更深刻的了解。

主题2　悦纳自我，提升自信力

（一）自信从自我接纳开始

埃里克森的人格发展理论认为，青春期是解决角色混乱、实现自我统一的关键期，只有充分解决自我冲突，认识到自己是谁并接纳自己，才能变成忠于自己、自信从容的人。如果此冲突没有得到较好解决，则会导致个体产生持续不确定感，即缺乏稳定核心的自我认识，从而产生自卑、自负等负面情绪。

高中阶段的青少年会独自进行深度的自我探索，经常会陷入理想自我的幻想中，即认为自己应该是优秀的、特别的、要受关注的。这种自恋存在于每个人身上，但过于强烈的自恋会阻碍个体真正地认识自己。在幻想破灭，发现自己不过是人群中绝不显眼的普通一员时，自己的外形、能力跟身边那些自己曾经看不上的人差不多时，又会对自己进行消极反馈，一下子变得自卑，加之对未来迷茫，进而失去了前进的动力。

一个人的成长需要经历一次次的理想破灭，但这往往需要勇气，很多青少年害怕承认或触碰真实的自己，一旦即将面对现实的自我，就会不自觉地逃避，从另一个角度对自己进行解读，试图找到符合自己期待的答案。青少年需要一些勇气来面对自己，尤其是面对一些通过努力也很难改变的缺憾，不能采取"掩耳盗铃"的方式否认或逃避。如果自己真实的位置和自我认知不一致，那么个体意识便会一直被困在原地不能动弹。只有接纳自己，接纳自己的缺点和不足，体验理想破灭后的难过，才能突破自我，成为闪闪发光的自己。

悦纳自己意味着个体要正确地评价自己，不仅是接纳自己人格中的长处，更强调的是悦纳自己的缺点。每个人都是一个优劣势的综合体，合理利用自己的优势，用建设性的态度对待自己的劣势，充分发挥自己的特质和潜能，才能迎来那个独一无二且自信的自己。

（二）主题活动篇

悦纳自我是贯穿我们一生的人生课题。改变能改变的，接纳不能改变的也是一种人生智慧。心理学上，悦纳自我包括三个方面：第一，接受自己的全部，包括优点、缺点；成功、失败；过去、将来。第二，无条件接纳自己，接纳自己的程度不以是否取得社会意义上的成功来衡量。严于律己，但不苛待自己。第三，喜欢自己、会自我鼓励、有愉悦感和满足感。只有能够真正做到这些，才是真正地悦纳自己。

本次主题活动分主题班会和团体活动，这里提供了2种不同的方案供大家参考，现在我们一起来开展主题活动吧！

主题班会——不完美但可爱

设计目标

（1）引导学生通过为动物代言的活动，发现自己的优势。

（2）让学生在盲比活动中体验到"狭隘比较"其实没有意义。

（3）引导学生赋予"瑕疵"新的意义，帮助学生接纳自我。

实施步骤

★ **步骤1**：盲比游戏（6分钟）

设计意图：让学生广泛参与此活动，且比较内容可以很生活化，具有很

强的偶然性。学生有输有赢，能在活动中感受到比较其实具有很大的运气成分和偶然性，过分看重与他人的比较结果，是没有意义的，从而摒除日常生活中的"狭隘比较"观念，接纳客观的自己。

游戏规则：根据学生人数分组。告诉学生这个活动主要是比大小、比长短、比多少、比高低。每组随机推选出1位同学，尽量不要重复。各组推选的成员排成一队后，班主任公布要比较的具体内容。最后公布输赢即可。循环几次，让更多的学生参与。

比长短：具体可选头发、脚丫子、坐位体前屈、家校距离、上衣等。

比大小：眼睛、体重、手掌、力气、出生年月等。

比多少：扣子、家庭成员等。

比高低：身高、声调、下压触地、鞋跟高等。

思考分享：你被小组推选上台比赛时有什么想法和感受？当得知自己输了的时候，你是怎么想的？你觉得赢了的人是否都比你厉害？

班主任点评：每个人身上都有自己的特点，有的可以改变，有的不能改变。消极心态的人习惯用自己的短处与他人的长处比较，这样是没有意义的。积极心态的人能悦纳自己，把自己放在合适的赛道里进行努力拼搏。

★ 步骤2：我为动物代言（10分钟）

活动准备：提前让学生手工画各种动物，并做成卡片。动物可以重复。卡片正面是动物画像，背面是表头内容为"我的瑕疵""积极赋义"等的5行表格。

活动规则：每位同学随机抽取一张动物卡片。全班同学同时打开手上的卡片，但是不要告诉他人自己的卡片上是什么动物，自己知道即可。

班主任语　世界上有很多种动物，有的被人类视为"甜宠"，有的则被当作"敌人"。它们无法选择自己成为哪种动物，就像我们接下来要开展的活动，每个人都会随机拿到一张画有不同动物的卡片。假设我们就是卡片上的动物，请向大家大声地介绍自己的优点。

思考分享：你抽到的动物是你喜欢的吗？请回答"喜欢"的同学分享一下原因。这个群体不用填写背面信息。你觉得大家喜欢你抽到的动物吗？请说出你手中动物的5个优点。

班主任点评：对于对自己抽到的动物不满意，或者觉得大家会不喜欢自己抽到的动物的学生，可以安排其他学生协助他填写好背面的5条思考。

班主任语　"每个人都希望成为自己理想的样子，就像是你刚好抽到自己喜欢的动物一样。可是现实大多时候与我们理想的状态有很大差异，有一些特征是我们无法选择和决定的，也是不能改变的，我们要做的是赋予它积极意义，主动接纳它。"

★ **步骤3**：寓言故事《神奇的发卡》的思考（5分钟）

神奇的发卡

有一个女孩子，认为自己长得不好看，性格内向，不擅长社交，也不讨同学们的喜欢，因此一直很自卑。有一天，她在商店里看到一只漂亮的发卡，当她戴上那一刻，店里的顾客都说很漂亮。于是她非常高兴地买下来戴去学校。那天她心情特别好，觉得自己因为这个发卡变漂亮了。接着奇妙的事情发生了，平日里不怎么热情的同学跟她主动打招呼，她笑得更加开心了。同学们也约她一起去玩儿了，原本内向的她一下子开朗活泼了很多。这个小女孩儿认为都是因为戴了漂亮发卡。于是放学后立刻跑去那个商店，想买更多的漂亮发卡。谁知她才刚进店，老板娘笑盈盈地对她说："我就知道你会回来，你的发卡在你出门时候掉门口了，你一溜烟儿地跑了，所以我就暂时替你保管。"这个时候她才惊奇地发现，自己头上根本没戴发卡，自己和平时的装扮是一模一样的。

思考分享：这个女孩子变得更加开朗自信，是因为神奇的发卡吗？那是因为什么？

班主任点评：对，是因为女孩子在无意中接纳了自己、肯定了自己，从而让自己散发出自信与开朗，所以身边的人际关系也发生了微妙的变化。每个人都不完美，但不完美的我们依然可以很可爱。

★ **步骤4**：神奇的解忧爱心箱（15分钟）

设计意图：利用同伴的力量，助力学生悦纳自己的个性特点。

活动规则：每个人在纸上写上一个自己最不能接受的个性特点，放入爱心箱子。教师归类整理。每类分给一个小组商讨，想一想如何帮助他接纳这个个性特点。

思考分享：对于你们组所拿到的别人不能接纳的个性特点，你能接受吗？对于他人给你提的建议，你能接受吗？

班主任语 你不能接纳的个性特点对别人而言可能不算什么，他人不能接纳的个性特点对你来说可能只是一个小问题。有时候换个角度看待问题，就会豁然开朗。

★ **步骤5**：悦纳宣言（4分钟）

活动规则：全班一起朗读。

悦纳自我意味着要知道自己想要什么、需要什么，知道自己暂时能做什么、不能做什么。

悦纳自我意味着接受自身的局限，集中精力挖掘自己的优势。也意味着能以建设性的态度和方法对待自己的错误或劣势，带着积极的情绪体验改变自己，超越自己。

悦纳自我意味着重视和珍惜自己所拥有的，意味着不仅要尊重自己，也要尊重别人，能客观地看待别人和自己的差异，理解自己的生命是独一无二的奇迹。

悦纳自我意味着自己犯了错时，知道只是某件事或某个行为是错的，而不代表自己整个人是不好的，允许自己犯错误，明白错误也是人生的一部分，让自己在错误中成长起来。

悦纳自我意味着接纳生命中所有真实的现象，不主观，不偏执，不卑不亢。

虽然我们都不完美，但是我们可以很可爱。

░░░░ ▲ 团体活动——寻找多元化的自信心 ▶ ░░░░

▦ ▶ 设计目标

（1）引导学生寻找自己人生的高光时刻，激发学生的正面积极情绪。

（2）引导学生思考自己的优势，学会正面表达自己的真实感受，增强自信心。

（3）引导学生理解并掌握智力多元理论，培养学生多元化自信心。

（4）引导学生感悟暗示对自信的影响。

（5）引导学生在活动体验中提升自己多元化的自信心。

活动准备：空白奖状、画有大树轮廓的卡纸、自信卡片。

活动时间：80分钟。

▦ ▶ 实施步骤

★ **步骤1**：小鸡成长记（10分钟）

设计意图：活跃现场气氛，让学生在体验小鸡成长的游戏中体会到成功的喜悦。

班主任语 同学们，欢迎大家参加今天的"寻找多元化自信心"的团体心理辅导活动，我们首先来进行热身活动——小鸡成长记。

游戏规则：小鸡成长要经历鸡蛋、小鸡、成年鸡3个阶段。下蹲姿势相当于鸡蛋，半蹲半站姿势相当于小鸡，站立的姿势相当于成年鸡。活动一开始所有人都呈现鸡蛋模式，所有的"鸡"只能找同级别的"鸡"两两进行"石头、剪子、布"猜拳游戏，获胜则晋一级，失败则降一级。如果成年鸡猜拳获胜，退出游戏，代表成功成长。

体验分享：你们在活动开始时觉得自己能成功吗？在整个过程中，你觉得哪个阶段是最困难的？成长过程中有想过要放弃吗？当你成功成长为成年"鸡"，你有什么感受？到最后也没有完成成长的心情是怎样的？

班主任点评：小鸡成长会遇到挫折，克服了挫折就会收获一种成功的体验。成功的体验会让学生心情变好，增强学生的自信心。

★ **步骤2**：我的高光时刻（15分钟）

设计意图：班杜拉认为，个人亲自操作所获得的关于自身能力的直接经验，是建立强有力的自我效能感的有效途径，也对自我效能感的提升有很大影响。学生通过寻找记忆中的高光时刻，并且给自己的高光时刻制作一份奖状和颁奖词，增强了成功体验，强化了自信心。

班主任语 | 每个人在人生成长过程中，都曾出现过这样或那样被自己或他人表扬、认可、羡慕、尊重的时刻……正因为这些小美好的存在，我们的生活才有滋有味。现在请同学们在手中奖状的反面，详细写上事件的经过；在奖状的正面，对你的高光时刻作简单的颁奖词式的评价。

思考分享：先请每组的一位同学发言。然后请自愿分享的同学发言。

班主任点评：每一个学生分享完毕，教师都要将点评引导到学生的能力点上，用更加直接的语言表达出来，强化学生的自信心。

★ **步骤3**：我最重要——海船救己（15分钟）

设计意图：萨提亚认为，在人际关系中敢于尊重内心想法，公开表达真实情感和观点的行为，可以大大提高个人的自尊，提升自信。本游戏设置的情境，让学生处于不得不挖掘自己存在价值的环境中，去思考自己对自己、他人、社会的意义在哪里，建立自我价值感，从而提升自信心。

活动规则：小组内先进行讨论。由于途中遭遇巨大风暴，旅行船即将沉入海底，唯一的救生艇只可容纳两人。现在每组8人当中只能留下2人活命，其余的人都会沉入海底。为了让每一个人都有自救的机会，现在请每人准备一段2分钟的演说，从自我认识、社交、学业、仪容、生活习惯以及对自己、他人、社会的价值等方面来阐述必须留下自己的原因。如果你的陈述得到大家的认可，投票环节你就很可能被"救"下。

分享：组内先投出2人，再进行组与组的"我最重要"演讲和投票。

班主任点评：学生说理由的时候，教师可将其观点总结或精简成一个词组或短句。组与组之间进行演讲时，可在教室最前面的超大纸上书写，方便学生记忆和对比。

★ **步骤4**：寻宝之旅（30分钟）

设计意图：知识新授，从积极心理学的角度帮助学生理解性格优势和能力优势。结合这些知识点，引导学生拓展自信的着力点。同时进行自信心拼图，带领学生开启一段寻宝之旅，引导学生利用自身特点，正确面对挫折、目标设置、消极评价等影响自信心的因素。

活动规则：播放一段5分钟短视频，讲解清楚什么是性格优势、什么是能力优势。然后请学生在每一块拼图正面写上影响自己自信心的因素，比如，学业问题、人际误解、情绪调控、目标设定、害怕失败等，共设置9块拼图（可以根据自己的情况填写全部或部分）。最后请学生结合刚才讲到的性格优势和能力优势，在每一块拼图的背面以这样的句式补充出完整的一句话："我其实拥有优势，可以帮助我完成或面对＿＿＿＿＿。"当自信心的整个拼图完成时，我们也就寻找到了自己的宝藏。

班主任语　我们经常夸赞某个人，说TA是宝藏男孩、宝藏女孩。那宝藏到底是什么呢？这个游戏将带领大家一起开启寻宝之旅。

思考分享：可以按照组别依次进行分享。你对积极心理学的性格优势和能力优势有什么新的认识？你觉得自己是不是隐藏的宝藏呢？你新发现了哪些提高自信心的优势呢？你觉得如何做才能发挥这些优势呢？

★ **步骤5**：成功日记（10分钟）

设计意图：团辅效果延伸至生活中。让学生把更多的注意力放在其能够做到的事情上，从而逐渐强化其自信心。

> **班主任语** 每天找出3件自己做成功的事情，主动记录下来。不要把成功看成考第一名这么难的事情，成功可以是突然欣赏到了路边开放的花儿的美，也可以是在校一天没有被老师点名批评，也可以是得到了某人的夸赞……日常生活都可以有成功与挫折之分，一日之中顺利地做完了3件美好的事情，又怎么能说自己一事无成呢？

活动规则：教师、学生一起写下自己今日3件做成功的事情。由教师先开始展示自己的成功日记，然后带领学生一起分享。在轻松愉悦的氛围里结束本次活动。

班主任点评：让学生每天把自己的成功日记贴在班级墙上。采用适当的方式督促学生坚持完成两周。

（三）个人辅导篇

◆ 辅导原则

原则1：科学、客观、多角度评价学生

自我接纳不足的学生，更加重视他人的评价。如果学生的做法得到老师及时且中肯的评价，学生就会感到积极、正能量。班主任不仅可以从学习的角度出发努力挖掘学生的优点，还可以从学生生活能力、说话方式、某个观点等多方面对其进行中肯评价。

原则2：不空洞表扬、不过分鼓励学生

高中生不喜欢单一语言式的表扬，甚至认为是敷衍。班主任把类似"你很棒"的表扬改成"没想到这个事情你做得很快，还很有条理，比老师期待的要好很多哦"。但是要注意，不要过分地表扬和鼓励学生，尤其是自信心不足的学生，他们很容易把表扬和鼓励不自觉地转变成一种压力，从而让自己变得更加敏感。

原则3：为学生营造失败了也没关系的安全氛围

不自信的学生经常会觉得"我不行"，拒绝很多可以锻炼自己的活动或机会。要为这一类学生营造失败了也没严重后果的安全氛围。班主任在管理上可以适当牺牲班级量化成绩，鼓励学生参与活动，用实际行动告诉学生，努力之后失败了也没有关系，老师不会生气，也不会被同学们看不起。

常见问题与辅导策略

◆ **个案分析：**我班一女生在校时成绩中等，担任文体委员，但她一直觉得自己并不擅长唱歌跳舞，根本就称不上文体委员。经常抱怨家中经济条件差，频繁和家长撒谎、吵架等。高三实习期间尽管离家近，却屡次迟到且不改，被实习单位退回。老师和家长对其进行了思想教育，但换了工作后很快又因为迟到、旷工被辞退。

◆ **辅导策略：**

1. 不要给学生贴消极标签

虽然该生两次被实习单位退回，从德育角度来说，这属于严重不良行为；但是班主任此时要想帮助学生，就需要接纳她的现状，不要愤怒，更不能表现出不理解和不耐烦的态度。班主任可以告诉她："我知道你频繁迟到一定有你自己的原因，或许你是遇到了难以说清楚的困难，我是可以理解的。"在情绪层面对学生进行安抚，给予学生诉说的安全感。

经班主任了解发现，由于家境较差，父母经常因为钱吵架，母亲长期对该学生怀疑和否认，使她很讨厌提及自己的父母和家庭。该生是一个自卑感很强的女孩子。

心理学上，自卑即一种自我否定，主要表现为在各种负面情绪下低估自己的能力，觉得自己怎么都做不好。阿德勒认为每个人都有不同程度的自卑感，为了摆脱自卑自身都会做出各种努力。其中包括两种常见错误：一种是使用不正确的方式改变自己所处的环境，另一种是因为气馁放弃努力。该学生由于缺乏自信和归因错误等因素造成自我评价过低，认为自己是一个一无是处、总被否认的人，因此不能有效地应对学习生活和人际交往的挑战，采取了类似"迟到"的逃避方式来摆脱自卑，使其的错误认识和不良行为不断地被重复和强化，更加剧了自卑。

2. 认知层面：重构对自己优势的认识

可以单独带学生体验一下上述团辅中的"海船救己"活动，结合性格优势和能力优势的普及，让学生寻找出自己的亮点。

3. 对比分享，识别消极观念

让该学生通过上网查阅，自行整理一些身边同龄人的励志故事并向老师分享自己的感受，谈一谈为何与自己境遇差不多甚至更糟糕的人可以做得更好，而自己却如此悲观。帮助该生识别造成其自卑的消极观念，比如"我家穷，所以怎么都不招人喜欢"这样的错误观念。

4. 行为层面：创设机会，让其体验成功和喜悦

经了解，该学生英语成绩相对比较好，可以安排其给高一新入学的学生进行一次英语的学习方法分享。指导该生做好精心准备，辅助其获得成功体验。

5. 协助学生做出承诺

让该学生返回工作场所后每日发送3条成功日志给班主任。

特殊学生处理

当班主任遇到一些极度自卑的学生时，切记不要在公开场合表扬、鼓励他，要在他认为安全的氛围里给予私下的认可和鼓励。对于不愿意与老师交

流的学生，可以适当安排可靠的同学帮助老师先了解这名学生，在对其进行了初步了解的基础上再使用上述各种方法改善他的自卑心理。适当时，需要求助心理老师、联合家庭，通过家校合作来改善学生的自卑心理。

（四）实践者说

　　班级中自卑的学生数量不少。他们虽不会出现重大违纪行为，但是却存在应付作业、迟到、拒绝参加活动、上课不参与讨论、负面情绪重、不会主动正确表达不满等问题，我们面对这一群体常常缺乏确切的辅导方法。本篇内容中的活动为班主任提供了一项很好的指导，其中每一个活动的开展时间都可长可短，班主任可以根据班级的实际情况灵活安排，同样能取得较好的效果。

微信扫码
- 教育心理学
- 精品入门课
- 心灵体检室
- 知识资讯站

第六单元

管理复杂情绪

主题1 请按下愤怒的暂停键

（一）愤怒情绪的分析

愤怒是一种情绪状态，通常是对某人或某事的反应，这些引起愤怒情绪的行为被认为是不尊重、贬低、威胁或忽视性的。同时，愤怒具有积极和消极两种意义。愤怒的消极意义会导致一系列的不良后果：极力压抑或经常生气、动辄迁怒于人或暴怒。愤怒的积极意义可以维护一个人的自尊，使他在不公正的情境中，激励自己挺身而出。

青春期的孩子处于愤怒情绪状态时，常常由于表达不当而导致人际关系中的矛盾和冲突的升级，甚至做出伤害他人或自己的过激行为。

本活动设计旨在引导学生正确认识愤怒情绪，了解自己的愤怒情绪背后的心理需求，减少因愤怒带来的不良影响。

（二）主题活动篇

团体活动——请按下愤怒的暂停键

设计目标

每个人都会愤怒，愤怒是我们平常最难处理的一种情绪。班主任如何帮助学生正确认识愤怒情绪，感受愤怒产生的正面作用和不良影响，帮助学生找到短时和长期有效的管理愤怒情绪的策略？请大家一起进入团体活动——按下愤怒的暂停键。

　　活动准备：白纸、课件、便利贴、签字笔。

　　活动时间：80分钟。

实施步骤

　　★ **步骤1**：情境表演秀（10分钟）

　　设计意图：设置4个容易引起愤怒情绪的生活场景片段请学生演绎，并请学生根据表演内容猜成语。调动学生的热情，让学生体验愤怒情绪，班主任还可以通过指出学生在演绎中的"愤怒"表现来引出主题。

　　活动规则：班主任邀请几位善于表演的学生到讲台上演绎情境，并在PPT上呈现场景，例如，课间休息时，小林走过小李的课桌，小林不小心打翻了小李的水杯，此时小李与小林争执了起来……

　　学生反馈：班主任可以询问学生在活动中的感受。学生的常见反馈是，在这些场景中自己会感到愤怒、不适，觉得自己被冒犯等。

　　班主任语　对于刚刚演绎的情境，大家都会感到愤怒。生活中，我们肯定也因为愤怒而对亲近的人大声喊叫过，然后又感到很后悔。但是，愤怒是一种自然的反应，是对不公平的一种表达方式。如何理解愤怒这种情绪？在什么时候需要按下愤怒的暂停键呢？接下来我们进行一场辩论活动，来讨论一下愤怒的问题。

　　★ **步骤2**：愤怒奇葩说（25分钟）

　　设计意图：设置辩题"表达愤怒会导致灾难吗？"将学生分为正、反两方，通过小组讨论的形式让两组学生交替辩论，学生充分表达自己的观点后，班主任总结正、反双方的论点，引出愤怒情绪的两面性。

　　活动规则：将全班学生分为3个阵营。一是正方阵营，表达愤怒会导致灾难；二是反方阵营，表达愤怒不会导致灾难；三是投票观众。正、反两个阵营各10名学生，共进行3轮辩论，每轮正、反双方分别派出1名学生围绕辩题展开陈述，时间3分钟。每轮辩论后投票观众可以自由选择加入一方阵营，3轮辩论后，人数多的一方获胜。

注：（1）学生陈述观点的过程中班主任在黑板上写下双方的核心论点。（2）给学生5分钟的时间讨论思路。（3）每次上台辩论的学生可以获得相应的小礼品，鼓励学生积极参与。（4）正、反双方参与辩论的学生提前准备好纸和笔整理思路。

学生反馈：在5分钟的准备环节中大家争分夺秒、各抒己见，通过辩论看到了愤怒的两面性，同时也认识到如何表达愤怒的重要性。

> **班主任语** 通过刚刚的辩论活动，我们可以看出愤怒作为一种情绪是具有两面性的，愤怒的积极意义是：①当我们遭遇不公时，愤怒可以表达态度，起到警告的作用；②愤怒可以转化为力量，让我们拥有改变的动力；③愤怒让我们开始自我反思；等等。愤怒的消极意义是：①让人失去理智，无法正确判断；②展现负面情绪，影响人际关系；等等。刚刚也有同学提到关键不在于愤怒本身，而在于我们如何表达愤怒。那么面对不合理的泄愤方式，如何按下愤怒的暂停键呢？

★ **步骤3：按下愤怒的暂停键（25分钟）**

设计意图：帮助学生丰富自己停下愤怒的方法和策略。通过小组讨论的形式找到应对不合理泄愤的暂停键。同时，同龄人的经验能够丰富自己当下停止不合理泄愤的方法和策略。

活动规则：

（1）让学生进行小组讨论：如果不合理的泄愤方式存在暂停键，可以让我们恢复理智，那么能让我们冷静下来的方法有哪些？

（2）小组讨论后，让组长在便利贴上至少写出5种不同的方法。

（3）请每组选一名代表分享小组讨论得出的方法。

（4）分享完后将便利贴贴到黑板上。

注：①便利贴可以选择彩色的。②限定粘贴区域，引导学生将便利贴贴在指定区域。

班主任语　面对不合理的泄愤方式，你采取了哪些方式或措施让自己恢复理智、冷静下来？

班主任语　面对不合理的泄愤方式，刚刚同学们都分享了自己的应对方法，看到其他同学的应对方法，有没有让自己的应对方式更丰富呢？这里老师也总结了几种方法，我们一起来看看。

PPT上呈现缓解愤怒的方法：

（1）数颜色。当你想要大发脾气的时候，环顾四周的环境，在目前的环境中找到10种不同的颜色，在心里自言自语：那是一面白色的墙壁，那是一张绿色的桌布，那是一本红色的笔记本……直到情绪渐渐平复。

（2）深呼吸。4—7—8呼吸法，即用鼻子呼吸4秒，闭气7秒，然后用嘴呼吸8秒，这样重复几次。

（3）设置微动作。例如，如果自己习惯捏一捏左手的大拇指，那么可以赋予这个习惯动作一定的含义：捏一捏左手大拇指表示我会冷静下来。

★ **步骤4**：了解愤怒背后的需要（20分钟）

设计意图：班主任可以引导学生思考愤怒情绪背后的心理需要，总结方法，并结合实际运用。

活动规则：班主任再次邀请两位学生演绎步骤1中的愤怒情境。

例如，小林打翻了小李的水杯。用AB剧的形式分别呈现。

在情境A中，小林与小李相互指责。

在情境B中，小林和小李分别表达自己的心理需要。小林说："我生气是因为我不是有意的，我需要对方的理解。"小李说："我生气是因为我感觉自己被冒犯了，我需要对方向我道歉。"

演绎完后，请学生回答AB剧的不同之处。哪一种情境更容易让人冷静下来？为什么？

班主任语　愤怒的时候，人们很容易将焦点放在外界和他人身上，进而转变为指责对方，情境A就是这样。情境B的表达更容易让人冷静，避免矛盾升级，原因就在于情境B的表达方式将焦点放在自己未被满足的需要上。因此，在愤怒的时候，我们可以用步骤3的方法先让自己的情绪冷静下来，然后问一问自己："我愤怒是因为我需要……"明确自己未被满足的心理需求。

活动反思：步骤1设置情境，通过情绪表演秀呈现问题，引出主题，选用的情境因贴近学生生活，能引起学生的共鸣。步骤2采用辩论的方式，一方面鼓励学生表达自己的感受，另一方面运用辩论的形式探究愤怒情绪的两面性，帮助学生理性看待愤怒。步骤3采用小组讨论的方式，充分发挥学生的主体性，学生群策群力，按下不合理泄愤的暂停键。步骤4采用AB剧的方式，引导学生了解愤怒背后的心理需求，与自己对话，明确自己的心理需求。

📖 知识拓展

心理雕塑

心理雕塑技术以戏剧化的方式直观呈现复杂的、不可见的结构以及被压抑的潜意识的冲突和情感，通过雕塑中特定的肢体形态、空间距离、言语表达帮助个体来察觉自我以及在关系中的角色定位。

心理雕塑技术可以在较短的时间内，以戏剧化的方式表现关系中的不同成员，形象直观的具体造型和生动的表达方式与高中生的心理需求相适应。雕塑创作、分享的过程是学生自我认知、接纳和疗愈的过程。

（三）个人辅导篇

▌▶ 辅导原则

当班级中个别学生出现愤怒的情绪问题时，班主任应该以怎样的态度去面对他们呢？

原则1：共情理解

青春期的孩子情绪、情感具有波动性，情绪不稳定，容易激动。班主任首先要站在他们的角度看待问题，在引导和教育之前先理解他们的情绪，感受他们的处境，用接纳包容的态度去对待他们，多问一问他们的感受和想法。

原则2：重视家庭

一个人早期的教养与他的行为有一定程度的关联。在童年时期常被父母严厉惩罚的孩子，更容易发怒和表现出粗暴的行为。在不利环境中长大的孩子变得越来越愤怒和暴力的原因，除了早期环境的影响之外，还有后天因素和遗传因素。但是，这种关联并不是决定性的或不可改变的。因此，班主任在对待易怒的学生时需要了解他们的家庭关系，理解其行为背后的家庭因素。

原则3：积极引导

当非理性信念占据了上风时，学生思维往往变得缺乏条理，出现认知狭窄，导致行为失当，这时我们就很难正确处理问题。此时，班主任可以尝试用正反思维帮助学生客观理性地看待问题，尝试发现问题中的积极因素，从而引导学生懂得思考，改变产生愤怒的偏执想法。

▌▶ 常见问题与辅导策略

◆ 个案分析：我们班某位学生经常与其他学生发生冲突，甚至大打出手，我该怎么办？

◆**辅导策略：**班主任可以先了解冲突行为的原因，然后澄清他的心理需求，再与他探讨替代冲突行为的方法。

1. 行为层面

处于愤怒状态的学生往往会出现认知狭窄、思维偏执，不容易转变固有的想法，此时班主任可以尝试让学生先冷静下来，例如运用数颜色、深呼吸等方法。

2. 认知层面

待学生冷静下来后，班主任可以尝试了解行为背后的原因，可以说："××，老师感觉到你很生气，你觉得自己被对方冒犯了，无法控制自己，想要发泄自己的情绪，是吗？"通过共情理解引导他们说出自己的想法。

①引导学生说出想法：

你可以说："当冲突发生时，你心里在想什么？"

可能的回答："我想堵住他的嘴，他就是故意找我的茬儿。"

接下来，你可以说："对方咄咄逼人、盛气凌人的样子对你来说意味着什么呢？"

可能的回答："意味着他不尊重我，他在激怒我。"

②澄清学生的想法：

你可以说："你愤怒是因为感觉到对方不尊重你，你希望对方用更平和的方式沟通，是这样吗？"

可能的回答："是这样。"

③让学生对比两种情况的区别：

你可以说："如果冲突发生时，你没有意识到自己的想法是需要他人的尊重，接下来会发生什么？"（不清楚自己的心理需求）

可能的回答："相互指责，冲突升级。"

接着，你可以说："如果冲突发生时，你意识到自己的想法是需要他人的尊重，需要的是一种更平和的沟通方式，接下来会发生什么？"

可能的回答："我可能还是很生气，但我会控制一下。"（清楚自己的心理需求）

④讨论可以替代的措施：

你可以说："如果要满足自己获得尊重的心理需要，冲突发生时你可以用哪些方式？"

可能的回答："让自己的音量低一些，态度诚恳一点。"

⑤总结谈话，理清思绪：

你可以说："生活中引发愤怒情绪的事件有很多，关键在于你要能发现愤怒情绪背后的心理需求，这样才能让自己获得成长。"

▍▶ 特殊学生处理

班主任如果遇到一些学生因为非现实因素出现情绪问题，例如，无激惹的暴怒，莫名的流泪，有伤害自己或者他人的倾向，要及时告知心理老师，给予学生帮助。

（四）实践者说

刚开始处理学生情绪问题的时候，我没有好的思路，在处理学生关系时只关注事件本身，没有考虑过学生情绪背后的心理需求。这个章节在个人辅导环节给了我一些启发，当我开始跟学生谈他的感受时，我能明显地感觉到学生愿意敞开心扉了。

主题2 从积极角度看"糟糕"情绪

（一）看待负面情绪的新角度

我们常认为，愤怒、悲伤、焦虑等情绪会带给我们糟糕的体验，是糟糕的情绪，并努力想要摆脱这些情绪。殊不知，换个角度看，也许会有大不同。有个很好的比喻是，"负面情绪"就像是送信人，每一封信都来自我们的内心，其中包含了许多信息。如果我们好好拆开信件，阅读里面的信息，理解并应对好这封信，送信人就会走了；相反，如果一直关门不接待这个送信人，送信人就会一次次地不请自来，直到我们接收信件为止。所以，调节情绪的根本在于提高认识，而认识决定了一个人的生命质量，就像大海航行，掌稳了舵，不再被惊涛骇浪左右，最终抵达幸福的新大陆。作为班主任，我们需要引导学生正确地认识和看待负面情绪，理解负面情绪背后的深意，学会接纳负面情绪。

（二）主题活动篇

当代生活的快节奏、各种思潮和不确定事件的影响，使处于身心发展动荡期的学生常常无所适从，情绪起伏波动较大。长期激烈的学习竞争、复杂的人际关系，来自家庭、社会的各种压力，往往导致部分学生的情绪处于一种不良状态，表现为紧张、焦虑、愤怒、忧郁、惊惧、悲观、绝望等。如何帮助学生缓解不良情绪，消除不良情绪的影响，使他们活泼健康地成长，是每位班主任都在追寻的答案。本篇旨在帮助班主任引导学生学会觉察情绪，认识到事物具有两面性，促使学生用积极的角度看待问题，掌握对抗消极思维的方法，以更乐观的心态看待生活中的事物。

○○○ ◢ 主题班会——打开情绪的另一扇窗 ◣ ○○○

设计目标

帮助学生了解自我情绪的多样性、情绪调节的积极性；学会从多角度看事物，用积极的思维方式和乐观的心态来面对实际的学习生活。

实施步骤

★ **步骤1**：觉察情绪（8分钟）

设计意图：通过热身活动活跃课堂气氛，调动学生参与活动的积极性。通过分享互动，引发学生对自我情绪的觉察与体验，认识到情绪的多样性。

活动：大风吹。

规则：老师喊指令"大风吹"，学生回答"吹什么"，老师随即回答被吹的是有什么特点的学生，符合这一特点的学生就迅速起立。比如吹"戴眼镜的人""穿白色袜子的同学""喜欢旅游的同学""性格外向的同学"等。如果有做错的同学，需要在游戏之后接受惩罚或者上台表演节目。

| 班主任语 | 同学们，在刚刚的游戏中，你们产生了什么样的情绪？例如，高兴、兴奋、害怕（需要表演节目）、气愤（老师速度太快、空间小影响发挥）、伤心（做错了）等。 |

| 班主任语 | 我们产生了多种多样的情绪，这些情绪有些是积极的，有些是中性的，有些是消极的，但它们都是我们所感受到的。今天老师就和同学们一起来聊一聊情绪。 |

★ **步骤2**：认识情绪（6分钟）

设计意图：通过视频内容，让学生认识到情绪的产生是自然现象，每个人都会产生各种各样的情绪，包括愤怒、伤心等消极情绪。

观看视频：《头脑特工队》片段。

班主任语 同学们，看完这个短片，思考一下莱利经历了什么事情，她产生了什么情绪，最后她发现情绪有什么存在的意义。

班主任语 如果我们不接纳、压制消极情绪，会让情绪更糟糕，这就是为什么很多时候只是因为一件小事，结果却越闹越大。而当我们接纳的时候，情绪就会平静下来，做出的反应才会更加理性。

★ **步骤3**：了解情绪的多面性（20分钟）

设计意图：通过故事与推销员的案例，让学生了解情绪ABC理论，学习处理不良情绪的方法。同时进一步探讨日常案例，帮助学生更好地理解和掌握此方法。

呈现故事：不快乐的大儿子。

不快乐的大儿子

从前有一位母亲，她有两个儿子，大儿子整天闷闷不乐，干什么都没有精神，觉得什么都没意思；相反，小儿子则整天都快快乐乐的，对自己做的任何事都表现出极大的兴趣。

母亲不知道这是为什么，以为两个儿子在一起玩的时候，大儿子总是要让着小儿子，导致大儿子不开心，所以就想给他们改变一下环境。

于是，她把大儿子领到一个装满了新玩具的屋子里，把小儿子关在了马圈里。结果发现，大儿子仍然愁眉不展，看着那一堆玩具碰都不碰。

妈妈感到很奇怪，问大儿子："你为什么不玩那些玩具呢？"

大儿子回答："如果玩那些玩具的话，万一把它们弄坏了，我会很伤心。"

可当妈妈去看小儿子时，却发现他在马圈中的马粪堆里掏啊掏，似乎在寻找着什么，依然很开心。

妈妈问小儿子："你在干什么，怎么玩得那么开心？"

小儿子回答说："妈妈，我想没准下面会藏着一匹小马呢！"

班主任语 大儿子和小儿子的情绪是怎样的？为什么呢？

班主任语 从这个故事中我们可以看到，观念和想法极大地影响着我们的情绪状态。

呈现事例：一个鞋子推销员去到一个荒岛上，发现荒岛上的人都不穿鞋。A推销员非常悲伤，气得捶胸顿足；B推销员却是异常开心，高兴得跳了起来。

班主任语 为什么同样的事件，A与B会有截然不同的情绪反应和行为表现？想一想是什么让他们的情绪如此不同。

班主任语 透过情绪ABC理论（详见下页【知识拓展】），我们知道了导致个体情绪困扰的不是诱发事件本身，而是我们对事情的不合理认知或信念。

巩固知识：找出积极想法。

班主任语 透过事件、产生的情绪、消极想法，我们找出了背后的积极想法。通过转变信念，我们会发现事物带给我们的感受发生了变化，所以我们应该学会从不同的角度去看待事物，既要感受其消极的一面，也要看到积极的价值。

★ 步骤4：接纳情绪（9分钟）

班主任语　同学们请回顾一下，自己曾经因为什么事情产生过消极想法，把它写下来。然后，通过我们刚刚学习的方法，转化自己的认知，重新感受事件对我们的影响，看看有没有新的变化。

班主任语　通过今天的学习，我们认识到无论是坏情绪还是好情绪，都是正常的体验，并且情绪具有多面性，即便是"坏情绪"，只要我们转变认识和角度，就会发现它也具有价值。所以，同学们在日后的生活中，要学会开启情绪的另一扇窗，用积极的视角看待我们的情绪。

▌▶ 知识拓展

情绪ABC理论

情绪ABC理论是由美国心理学家艾利斯创建的理论，认为激发事件A（Activating Event的第一个英文字母）只是引发情绪和行为后果C（Consequence的第一个英文字母）的间接原因，而引起C的直接原因则是由个体对激发事件A的认知和评价而产生的信念B（Belief的第一个英文字母，信念是指人们对事件的想法、解释和评价等），即人的消极情绪和行为障碍结果（C），不是由某一激发事件（A）直接引发的，而是由经受这一事件的个体对它不正确的认知和评价所产生的错误信念（B）直接引起的。错误信念也称为非理性信念。

A指事情的前因，C指事情的后果，有前因必有后果，但是同样的前因A，可能产生不一样的后果C1和C2。这是因为从前因到后果一定会通过一座桥梁连接，这座桥梁就是信念（B）。又因为，同一情境之下（A），不同的人的理念以及评价与解释不同（B1和B2），所以会得到不同结果（C1和C2）。因此，事情发生的一切根源都在于信念（信念是指人们对事件的想法、解释和评价等）。

情绪ABC理论的创始人艾利斯认为：正是由于人们常有一些不合理的信

念才使我们产生情绪困扰。如果这些不合理的信念长久存在，还会引起情绪障碍。

（三）个人辅导篇

辅导原则

当班级中的学生出现情绪障碍，陷入负面情绪的影响中时，班主任应该怎样帮助他们？

原则1：保持冷静

当学生带着情绪找到我们的时候，我们首先要保持冷静，不要被学生的情绪化表现所影响，耐心地安抚他们的情绪。当我们将学生的负面情绪承接下来的时候，大部分情绪问题就已经迎刃而解。

原则2：理解共情

有些学生情绪波动大，易受外界影响，班主任会觉得学生矫情、承受力差，这本身就没有做到理解学生。班主任应该理解学生所处的发展阶段以及学生的个体差异，并认识到情绪问题的产生是一种正常现象，做到既不过度放大，也不过度轻视。此外，在面对学生的情绪表达时，要做到共情，做到设身处地站在学生的角度感受他们的遭遇。

原则3：耐心倾听

教育家卡耐基说："做个听众往往比做一个演讲者更重要，专心听他人讲话，是我们给予他的最大尊重、呵护和赞美。"教师耐心倾听，意味着把学生作为平等的生命来接纳，是真诚的平等与尊重。耐心倾听学生的想法，能让学生消除隔阂、敞开心扉，促进学生心理健康发展。在学生心中，我们不仅是老师，更是一位值得信赖的朋友，他们愿意向我们倾诉，这有利于我们更好地处理学生问题。

■▶ **常见问题与辅导策略**

◆ **个案分析1**：班上一位同学哭着找到我，说自己总是情绪不稳定，一点点小事就容易情绪崩溃。问她原因，她也说不上来，遇到这种情况我该怎么办？

◆ **辅导策略**：学生在与班主任谈论问题时，有时会因为害怕泄露秘密或难以启齿等原因而无法表达。所以，这时就需要班主任运用一些方法来帮助学生进行表达。在情绪疏导的过程中，班主任可以运用倾听、提问、共情、指导等方式对学生的情绪问题进行疏通、引导，促进学生健康成长。

1. 倾听

只有当学生相信班主任，愿意和班主任关系亲近时，才愿意表达内心的情感和接受老师的观点。因此，疏导的第一步不是"讲"而是"听"，倾听是建立信任关系的基础。

认真、关注地倾听可以展现班主任真诚的态度，拉近师生之间的距离，进而促进学生表达，让学生在宽松的氛围下诉说自己的问题，起到宣泄情绪的作用。

倾听时，要把话语权交给学生，不要只是不断地提出问题，学生被动回答，或是不顾学生的反应，在没有真正了解学生表述的事情的情况下急于下结论、提供意见，这会因为把握不准，影响干预的针对性和有效性。

班主任可以给予学生适当的鼓励性回应，比如，使用一些简单的词或话语，如"是的""你再说得详细点""然后呢"，或者通过非言语行为，如点头、身体前倾、配合目光的注视等来表达积极倾听的态度。总之，保持专注、积极的倾听态度，在良好的关系中探索解决问题的方法。

2. 提问

在听的基础上进行提问，获取学生问题的关键信息，明确问题所在。提问时要注意提问的方式，提问的语气语调不能让人感觉受到批评或指责，否则会让学生感到被指责，进而不愿意再说下去。

在需要明确某些问题时，可以使用封闭式提问缩小讨论范围。比如想要确认学生的情绪状况时，可以提问"你每天有多少时间会有低落的情绪感受"。但要注意，封闭式提问不能过度使用，否则可能会使学生陷入被动回答之中，产生被讯问的感觉。

在想要了解更多信息或者想要引导学生改变时，可以使用开放式问题引导学生继续说下去。比如想要了解学生的感受时，可以提问"情绪低落的时候你会想到什么"。用含有"什么""如何""为什么"的句子，明确问题的经过和原因等，既能让班主任掌握事情的来龙去脉，也能帮助学生主动思考自己的行为。

3. 共情

共情能直接反映对方的心理感受，给他人一种"他真的很了解我"的感觉，共情的过程就是帮助学生理解自己、学会合理表达情绪的过程。

作为班主任，只有站在学生的角度体会他们的情绪和状态，理解学生的真实想法和感受，学生才会敞开心扉，表达真实的自我，班主任才能真正聆听到学生的心声。

4. 指导

青春期学生的情绪不稳定、自我调节能力差，需要成年人的指导和帮助。班主任要教导学生接纳不同的情绪感受，即使是那些不舒服和痛苦的情绪。

当学生出现不良情绪时，班主任要示范情绪的接纳，不要说

"不要那么悲观""要坚强起来"之类的话，而是允许他把自己的痛苦悲伤表达出来。

班主任可以教授学生调节情绪的方法，如注意力转移法，做平时喜欢做、能产生愉快体验的事情，将自己调到新环境中，从纷繁复杂的场景中摆脱出来；调整认知法，理智分析、换个角度想问题；情绪宣泄法，将负性情绪通过合理的方式宣泄出来。

◆ 个案分析2：我之前就感觉班上有位同学性格有点怪异，总是独来独往，她的宿舍同学告诉我经常听见她晚上哭泣，这验证了我的想法。我想了解她的情况，看看能不能帮助她，我应该怎么做？

◆ 辅导策略：

1. 察觉

当学生表现出消极情绪时，作为班主任，首先应该有觉察力，能够发现学生的异常。如果我们发现了学生的状态有些反常，我们应耐心地询问："看你有点不开心，是发生了什么事吗？"我们要能识别出学生的情绪是高涨还是低落。

2. 悦纳

当我们觉察出学生的消极情绪后，作为老师，应该悦纳学生的消极情绪。我们习惯以教育者的身份对学生进行说教，这不仅会让学生更加封闭，而且没有做到悦纳学生的消极情绪。当学生告诉我们她有这些消极情绪的时候，当她的消极情绪扑面而来的时候，我们应该这样说："你现在有这种情绪我特别理解你，因为如果我是你的话，我也会有这样的感受。"

每当我们说完这句话的时候，你会发现，学生的眼睛一下就亮了，因为她会感受到：我此时此刻的感受，老师是理解的、懂的。而老师的这种悦纳、同理心，会使这个学生的消极情绪迅速下降，也就达到了缓解学生消极情绪的目的。这就是全然悦纳。

3. 帮助学生反驳自己的消极思维

比如，这位老师遇到的学生，她的状态可能是由一些担心、害怕或者思念等因素引起的，我们应该这样说："你的这种感受，老师非常理解，你能不能与老师说说担心的时候想到了什么？"她可能会说："唉，我担心其他同学会不喜欢我。"老师可以说："你为什么会有这样的感觉呢？是其他同学跟你说了什么或者做了什么吗？"学生会说："我在……我在……"最后会发现，其实没有其他学生针对这个学生，而是她认为别人在针对她。我们要帮助她看到实际的情况，发现自己的固化认知与实际情况之间的差异，去修正自己的认知，帮助学生反驳自己以前的消极思维。

4. 帮助学生选择对自己有益的行为

比如，这位学生可能因为感觉他人不喜欢自己，而在晚上哭泣。这时，老师可以对她说："你在做什么的时候，能够感觉别人是喜欢你的？"经过这样的思考，学生就会在老师的帮助下，去选择做更多令她感受愉悦的行为。我们在帮助学生合理选择积极行为时，要积极引导她，让她自己做出选择，信任她，让她自己去收获："这是我自己要做的，不是老师要求我去做的。"

特殊学生处理

当班主任发现有些学生存在长期的情绪问题（持续时间超过1个月），并且对学生的生活、学习和人际等方面造成影响时，要及时告知心理老师，给予学生帮助。

（四）实践者说

学生情绪问题在班主任带班过程中很常见，有些学生容易伤感，又或者为与舍友发生矛盾感到难过。我时常担心自己处理不好学生的情绪问题，甚至担心学生会做出一些极端的行为。看了本篇的内容后，我很受启发，以前观察到的一些情况不知道如何入手，现在有了操作方向，日后我将在不断探索中，努力成为一名越来越成熟的班主任。

主题3 用积极心态迎接美好的明天

（一）高中生常见心理挫折及其影响

心理挫折是指当学生努力地去做一件事但是没有成功时，产生的消极情绪，比如失望、痛苦、沮丧、不安等。高中生最常见的心理挫折有：考试成绩不理想带来的害怕、担忧、焦虑的情绪体验；上课回答不出问题的失落、自责；没有交到好友产生的失落感；被同学嘲笑奚落时的羞愧等。

心理挫折不仅会影响学生当下的情绪，还会影响他们将来的行为。比如，当一个学生在考试上多次受挫，可能就不愿意再努力学习；当学生在上课时多次没有回答出问题，就会不愿意再举手。

需要特别和班主任提及的是，当学生遇到挫折时，一方面，我们需要给予及时的引导，帮助学生快速从失败中走出来；另一方面，我们也要认识到挫折在提高学生心理承受能力中是必不可少的，让学生能够发掘自己应对挫折的能力，用积极、乐观的态度去应对才是解决问题的最佳办法。

下面就让我们一起来看看如何让学生积极应对挫折吧！

（二）主题活动篇

越来越多的班主任发现自己班上的学生不能坦然地面对挫折、接受失败。挫折是人生中的必经之路，学生提高应对挫折的能力不仅对当下的学习有积极的推动作用，还能够更好地为未来生活做好准备。积极看待挫折的人能够更坦然地面对失败，不断追逐新的目标，在人生道路上不断前进。本篇的主题班会旨在引导学生认识到挫折是每个人都难以避免的，要发掘自身的力量并坦然去面对挫折。

逆境指的是一段时间内不顺利的境遇，与挫折不同的是，逆境指的是客观的环境，挫折则是一种低落的情绪状态。当学生无法应对逆境，在逆境中遭遇失败时，就会受挫。本篇的团体活动旨在培养学生抵抗逆境的能力，引导学生认识到抗逆力的重要性，学会在生活中积极面对逆境，不断发展抗逆力。

现在让我们一起来开展主题活动吧！

主题班会——坦然面对挫折

设计目标

通过教学活动和知识点讲授，让学生认识到挫折的普遍性，人人都有可能会遇到挫折。带领学生体验挫折对自己的影响会随着时间慢慢减小，无须畏惧挫折。引导学生发现挫折的影响并不总是消极的，要以乐观的心态应对挫折。

实施步骤

★ **步骤1**：句子接龙（5分钟）

设计意图：引导学生讲述挫折事件，发现挫折存在的普遍性，体验挫折感受，引出主题"挫折"。

游戏规则：

（1）让学生接龙回答"我没能够＿＿＿""我在＿＿＿上失败了"。

（2）询问学生"这么回答时感觉怎么样""发现了什么"。

班主任语　每个人的人生都不是一帆风顺的，难免有失败的时候，这些失败就
是挫折。

★ **步骤2：我的"挫折线"（15分钟）**

设计意图：通过让学生绘制"挫折线"的形式，记录近5年遇到的5次挫
折，引导学生发现每个人都有挫折，挫折的内容有相似性，不需要因为挫折
而难过、失落。

活动规则：

（1）让学生以横坐标为年份，在横轴上用不同颜色画出不同的圆形，
圆形代表挫折，圆越大，挫折就越大。

（2）请学生在组内分享自己遭遇的挫折事件，说明这些事件对自己产
生的影响。

班主任语　挫折是难以避免的，遭遇挫折时，我们该怎么办呢？

★ **步骤3：巧对挫折（10分钟）**

设计意图：让那些成功应对挫折的学生通过分享将经验传授给其他人，
引导学生明白面对挫折是有办法的，挫折也并不总是带来坏的影响，要用乐
观的态度看待挫折。

游戏规则：询问同学："你有没有成功应对挫折的经验？成功应对挫折
之后发生了什么改变？"

班主任语　同学们分享了很多应对挫折的方法，相信这些方法能够给大家带来
一定的启示。同时，我还发现，挫折给我们带来的影响并不总是糟
糕的，还有一些好的方面，比如我们会习得应对困难的能力，这是
难能可贵的。可是总会有我们觉得难以应对的挫折，这个时候我们
该怎么办呢？

★ **步骤4：挫折情绪线（10分钟）**

设计意图：让学生绘制"挫折情绪线"，引导学生发现当下对挫折的感

受是最深刻的，但是随着时间的流逝，失败的影响会逐渐减小，直至消失，因此我们不需要过于担心。

游戏规则：

（1）让学生在"挫折线"上画出纵轴，纵坐标为0～5，代表负向情绪的强度，"5"表示情绪最低落。

（2）选择与不同挫折事件对应的颜色，画出事件发生时情绪分数对应的点。

（3）适当延长时间线横轴（如有需要），用不同事件对应的颜色标记出1个月后、3个月后、半年后、1年后、5年后对该事件的情绪分数。

（4）将这些情绪分数对应的点连接成线。

（5）询问学生："观察情绪曲线，你们发现了什么？"

班主任语 我们发现，挫折对于我们当下的影响是非常强烈的，但是过了1个月、3个月，甚至几年之后，影响逐渐减小，我们甚至会不记得这件事。挫折对我们的影响没有那么大，所以我们不需要害怕、畏惧。

团体活动——积极抗逆迎未来

设计目标

引导学生认识逆境存在的普遍性，不需要畏惧逆境。向学生讲授逆抗力"3I"理论，学生通过理论学习与实践，能够寻找在生活中的支持力、发掘个人内在力量、发现自己解决问题的能力，从而以乐观、积极的心态应对未来的挑战。

活动准备：课件、抗逆能量瓶工作纸（一人一张）、彩笔。

活动时间：80分钟。

实施步骤

★ 步骤1：生命进化论（15分钟）

设计意图：通过进行生命进化论游戏，调动学生上课的积极性，让学生体会到游戏的成功和失败，由此应对生活中的顺境和逆境。

游戏规则：

（1）假设每个学生在最开始都是鸡蛋，通过石头剪刀布的方法，完成从鸡蛋（蹲着）到小鸡（半蹲）再到凤凰（站立加上手势）的进化。输了的人就退回上一级。

（2）询问学生："在游戏中是否总是一帆风顺的？最终变成凤凰后感觉怎么样？是怎样变成凤凰的呢？在游戏中有何感受？"

学生反馈：学生中的最终形态有鸡蛋、小鸡和凤凰，班主任可以询问那些经历过很多次失败最终变成凤凰的学生。

> **班主任语**　游戏并不总是一帆风顺的，有些人足够幸运，很快就变成了凤凰，但是更多的人在成长为凤凰前会经历多次失败。以生活为喻，这些失败就像是人生的逆境。

★ 步骤2：谈心逆境（15分钟）

设计意图：让学生以小组讨论的形式，交流生活中曾遇到的逆境，引导学生发现逆境的存在具有普遍性。通过倾听他人分享，掌握一些应对逆境的方法。

游戏规则：

（1）每个小组以"在生活中曾经遇到过哪些逆境，产生了什么影响""是如何面对逆境的"为题进行讨论。

（2）各小组代表进行分享。

注：如果遇上学生沉浸在负面情绪中难以自拔，班主任应在课后安抚该学生的情绪。

> 班主任语 抗逆力是我们在面对逆境、挫折时的心理调适能力。面对逆境时，除了在行为上使用正确的方法，在心理上增强抗逆力也是至关重要的。

★ **步骤3：抗逆有"3I"（10分钟）**

设计意图：抗逆力是当个人面对逆境时能够理性地做出建设性、正向的选择和处理。通过介绍抗逆力的"3I"理论，让学生学会发掘外部支持因素、自身的效能因素和优势因素来对抗逆境，了解抗逆力是可以不断发展的。

游戏规则：

（1）班主任阐述"3I"理论：

I have（我有）：即外部支持系统，在逆境时能够提供帮助的人，可以是父母、朋友、亲人等。

I am（我是）：即内在优势，比如，对自己的接纳和个人的积极感、个人的优势等。

I can（我能）：即个人效能，我能做什么，比如，能管理好自己的情绪、能与他人好好沟通、能够解决问题等。

（2）请学生在"抗逆能量瓶"工作纸上写下自己遭遇困境时的"3I"。

注：有时学生反应较慢，可以给他们创设具体的情境，比如，当学业一直受挫时，也可以使用在上一环节"谈心逆境"中学生分享的具体情境引导。

> 班主任语 我们成功探索了自己拥有的"3I"，接着来看看它们的能量有多强。

★ **步骤4：抗逆能量瓶（30分钟）**

设计意图：帮助学生将抗逆力具体化，发掘自身拥有的抗逆力，体会抗逆力带来的能量。

游戏规则：

（1）"抗逆能量瓶"工作纸上有许多能量瓶，让学生在每个能量瓶上方写下抗逆力"3I"的内容，如家人、朋友、管理情绪等。

（2）选择自己认为最适合能量瓶内容的颜色，并且用颜色填充的多少代表在该项内容中的能量。

（3）让学生找到能量最强，也就是颜色最多的能量瓶，想想自己是如何利用这个能量瓶的抗逆力克服逆境的，向小组内的其他成员分享自己的能量瓶和抗逆故事。学生根据其他同学的分享，看看自己的能量瓶内容是否还能增多。

（4）让小组代表分享抗逆故事，并将他们的抗逆能量瓶贴在黑板上展示。

<u>班主任语</u>　抗逆力能够帮助我们应对逆境，一个抗逆力强的人往往能够将逆境中的不利因素转化为积极因素。

★ **步骤5**：积极抗逆迎未来（10分钟）

设计意图：讲述贝多芬和奥斯特洛夫斯基的故事，通过名人事迹让学生明白抗逆力能够将消极因素转换为积极因素，引导学生积极面对逆境，不断发展抗逆力。

活动材料：

（1）贝多芬：贝多芬从小学习音乐，天赋惊人。因家境贫寒，他很早就加入戏院乐队，自己赚取工资补贴家用。25岁以后，贝多芬就受到了疾病的困扰，不久之后，他感到耳朵日夜作响，听力逐渐衰弱，直至双耳完全失聪。但是他依旧与病魔顽强斗争，创作出了流芳百世的《C小调第五（命运）交响曲》。

（2）奥斯特洛夫斯基：奥斯特洛夫斯基只念过3年书，10岁开始参加工作，15岁参加革命斗争，23岁时因关节炎加剧致全身瘫痪，随后双目失明。他在病床上克服万难写下了《钢铁是怎样炼成的》这一世界名著。

班主任语 抗逆是一种可以不断发展的能力，不断提高我们的抗逆力，能够让我们将逆境中的消极因素转换为积极因素。

（三）个人辅导篇

常见问题与辅导策略

◆**个案分析**：班上有名学生成绩优异，最近一次数学考试，这位学生没有发挥好，在拿到试卷后崩溃大哭，并且把试卷撕成了碎片。我该怎么办？

◆**辅导策略**：学生对考试结果难以释怀，出现撕试卷的行为，我们可以先安抚学生当下的情绪，将学生带离引发其情绪的教室。接下来按照以下几个步骤对学生进行引导。

退行：退行是指人们在受到挫折或面临焦虑时，放弃已经学到的比较成熟的适应技巧或方式，而退行到早期生活阶段的某种行为方式，以原始、幼稚的方法来应对当前情景。

1. 表示同理，安抚学生的情绪

例如，告诉学生，"这次数学考试很重要，平时你的表现又那么优秀，你这次没有发挥好，导致情绪不好我完全可以理解"。

2.挖掘积极的经验

接下来，引导学生回想，在过去那么多场考试中，成功的次数多还是失败的次数多，让学生发现这次考试结果仅仅是偶然产生的。询问学生："以前的考试你考得都很好，只有这一次不是那么让你满意，那这一次和前几次有什么不同吗？"学生回答可能有"这一次数学题目我没复习到""我这次考试时状态不好""我没有认真准备"等。此时，就可以引导学生及时调整学习方法，下一次继续努力。

3. 合理宣泄

等到学生情绪稳定之后，让学生尝试采用更合理的情绪宣泄方法，如写日记、听音乐、跑步等。

特殊学生处理

当班主任遇上特殊的学生，如有抑郁症、双相情感障碍的学生时，要经常关注学生的状况，如是否按时吃药、是否定期复诊、最近是否遭遇特殊事件等，并且及时与家长沟通该学生的情况，引导该学生及时寻求心理老师的帮助。

（四）实践者说

我一直很担心学生应对挫折的能力，前段时间的班级考试中很多学生成绩不理想，于是我就给他们上了这堂课。在课上，学生惊讶地发现有很多同学的挫折都是一样的，这让他们产生了"原来不止我一个人面临这样的事"的想法，能够更坦然地面对挫折。那些成功应对了这些挫折的学生也分享了经验，比如有位学生曾经由于过于在乎朋友的看法，让朋友感到压力从而疏远，经历过这件事后他将重心放在学习上，不仅学习成绩慢慢提高，与朋友的关系也随之改善了。更重要的是，学生们都明白了，随着时间的推移，挫折带给我们的影响都会消失，我们无须为此过于忧愁。

微信扫码
- 教育心理学
- 精品入门课
- 心灵体检室
- 知识资讯站

第七单元

应对恋爱难题

主题1　坦然地谈一谈两性差异

（一）性别刻板印象问题

性别刻板印象是指对某一性别群体简单而固定的看法。性别刻板印象能帮助个体简单迅速地认识性别特征，具有一定的积极意义，但同时也是产生性别偏见的原因之一。

在性别刻板印象的影响下，对于性别优势和能力上的固定看法一定程度上阻碍了学生对自身潜能的充分探索和发挥，也在专业和职业选择上对学生造成了一定的影响。人们容易对某一性别群体产生偏见，从而形成不利于个体发展的环境因素。众多的研究发现，提供反刻板印象的信息、树立榜样、鼓励自我肯定等干预方式能有效降低性别刻板印象的消极作用。

本篇为学生提供丰富的反性别刻板印象的信息和体验，尝试引导学生突破一些在性别气质和能力上的刻板印象限制，以此降低性别刻板印象对学生的影响，促进其自我成长。

（二）主题活动篇

班级当中有时会出现男生女生对立的情况，如果不及时发现和制止容易导致矛盾升级，影响班风建设。

男性和女性的心理困扰以及他们处理方式的差异受到社会对两性的性别刻板印象的影响，社会生活中人们对男性和女性在性格特征、职业期望以及社会角色等方面都有着某些固定的看法。

比如，男性被赋予了"阳刚""大大咧咧""坚强"等特质，而女性则更"温柔""情绪化""敏感"，这是对性别的一种极其简单粗暴的两极化划分，用完全相反的特质将男女区分开。

本篇为学生展示多样化的性别角色和特质，提供一系列反性别刻板印象的信息和体验，避免在班级中形成男女对立的局面，有助于营造和谐融洽的班级氛围。

主题班会——打破刻板印象，识性别之异

■▶ 设计目标

通过活动的形式引导学生发现男女生差异，了解性别刻板印象，引导学生消除在性别气质和能力上的刻板印象，减少男生女生对立的情况，促进建设和谐班风。

■▶ 实施步骤

★ **步骤1：我有你没有（10分钟）**

活动规则：班主任请6名学生到讲台上参与活动，男女生各3名，并交替站成一排，每名学生轮流说一件只有自己拥有或做过，但后面一位学生没有或者没做过的事物/事情。例如，女生可以说，"我有长头发，你没有"；男生可以说，"我有眼镜，你没有"；等等。

注：为了增加游戏的趣味性，班主任可以设置每位学生思考和回答的时间不能超过5秒钟。同时，可以设置一些小惩罚，例如，超时或者答错就做5个深蹲等。

班主任语　刚刚同学们都相互分享了自己有或者做过但别人没有或者没做过的

事物/事情，大家有没有发现什么呢？没错，这就是我们之间的差异，有些差异属于性别差异，是男女与生俱来的，例如生理激素、染色体；有些差异属于个体差异，并没有性别的界限。如果我们不加以区分，很容易形成性别刻板印象，阻碍我们对自身潜能的充分探索和发挥。

设计意图：通过活动引导学生说出男女生的差异，并区分个体差异和性别差异的概念，同时引出主题"打破性别刻板印象"。

★ **步骤2**：性别猜一猜（5分钟）

设计意图：通过提问与互动的方式，让同学们通过关键词猜性别并介绍人物，呈现学生中的性别刻板印象，简单解释"性别刻板印象"的含义，进而引出课程主题。

班主任语 接下来，老师呈现一些人物的关键词，让大家猜一猜这些人是男性还是女性。

活动规则：班主任在PPT上呈现一些关键词，让学生猜人物性别。

例如，综合格斗运动员、UFC综合格斗冠军、职业拳击手等（张伟丽）；飞行员、大校军衔、宇航员等（王亚平）；插花、欧式花艺设计师（袁乃夫）。

班主任揭晓答案并提问："你猜对了吗？你是根据什么进行判断的？"

班主任语 生活中，我们常常会认为男性和女性之间在很多方面存在差异，我们会认为"男人就应该是这样的，女人就应该是这样的"，进而认为"这些事情适合男人做，那些事情适合女人做"。这种对某一性别群体简单和固定的看法，心理学上叫作"性别刻板印象"，例如，生活中，我们经常听到男性应该是阳刚勇敢的，而女性应该是温柔贤惠的；女孩喜欢粉色，男孩喜欢蓝色；男主外，女主内；等等。但这些真的如我们想象中的那样吗？今天我们就试着以更开明的态度来看看我们日常生活中对异性差异的看法。

★ 步骤3：交换特征（15分钟）

设计意图：让学生收集欣赏的异性特点，思考如果自己具备异性的这些特点，是否会产生违和感，引导学生消除性别刻板印象，发现并不存在简单固定的男性或者女性的特质，从特质上消除性别刻板印象。

活动规则：

（1）请班级中所有男生在便利贴上写出最欣赏的女生的特点，放进纸盒1中；请班级中所有女生在便利贴上写出最欣赏的男生的特点，放进纸盒2中。

（2）请全班每位学生再拿出1张便利贴，男生和女生分别写上"我是男生/女生，我希望自己_____"。

（3）请班级中所有男生在纸盒1中随机抽取1张便利贴，将便利贴上的特点填写在"我是男生，我希望自己_____"的空白处。

（4）请班级中所有女生在纸盒2中随机抽取1张便利贴，将便利贴上的特点填写在"我是女生，我希望自己_____"的空白处。

（5）随机请几位学生分享自己的答案。

（6）其他学生认真听，如果觉得这些优势在性别交换以后还是适用的，便报以掌声。

班主任语　通过刚刚的活动，我们发现许多特质并不存在简单固定的性别差异，我们以为的特质在交换性别后依然适用，因此，同学们在生活中要学会突破性别刻板印象。

★ 步骤4：技能竞赛（15分钟）

设计意图：通过扎辫子的活动，引导学生从能力上消除性别刻板印象。

活动规则：分别请两名长发的女生做模特，请一位女生出来为模特1扎辫子，再派一位男生进行挑战，为模特2扎辫子，男生在扎辫子的过程中独立完成，对比两位模特的发型差异。对比完后，其他女生给男生指导，教会男生扎辫子的技巧，最后再请男生挑战一次扎辫子。

提问：

（1）男生/女生的挑战任务是否完成了？

（2）男生跟女生扎的辫子有差异吗？

（3）能力的差异真的来自性别吗？差异究竟来源于什么？

（4）经过指导，男生后扎的辫子和之前相比有什么变化？这些变化是怎么来的？

班主任语 通过刚才的活动，相信每位同学都能感受到，在能力方面，对于看似适合某种性别的职业或者活动，我们仔细思考后就能发现这种差异往往与性别无关，而是个体的差别。就像扎辫子，男生经过观察学习也可以做得很好。因此，性别差异并不是源自性别，而是源自不同的个体。

知识拓展

社会性别刻板印象

性别刻板印象是针对某一性别的性格特征、外貌、行为、角色的简单而又固定的成见。其中包括两性特质上存在的刻板印象，即认为由于性别的原因，两性在能力和优势上存在显著差异。以两性能力差异为基础，进一步发展出了性别分工的刻板印象，即男性和女性应该在家庭和社会中承担属于自己性别的工作。性别刻板印象是造成性别偏见和误解的主要原因。

（三）个人辅导篇

辅导原则

当班级中个别学生出现性别认同的问题，例如，男生变得女性化，女生变得男性化，从而产生自我怀疑和否定，班主任应该如何处理呢？

原则1：侧面了解

当班主任发现有男孩女性化或女孩男性化的现象时，不要过于着急、贸然找学生谈话或者在谈话中加入自己的预设，避免否定说法——"你不能像个女孩子一样，总是和女生玩"，避免简单建议——"男孩要像个男孩样儿"，否则会造成当事人的防御和抵触。班主任可以先找和这名学生关系好的同学了解情况，然后再与学生单独沟通。

原则2：包容接纳

家庭教养方式与性别角色混乱有很大的关系，不能一味地怪罪、指责学生，班主任不要歧视也不要试图强行改变这样的学生，而是要从内心真正接受学生的真实性取向，无论学生成年后做出什么样的决定，都真诚地祝福他，祝福他成为一个独立的生命。

原则3：积极关注

班主任要找班里和这名学生关系好的同学谈话，告诉他们不要过度关注，不要嘲笑和模仿，当这名学生为班级争光，表现出极强的责任心和勇气的时候，要给予更多的赞美和认可；找班上刻意排斥和孤立这名学生的同学谈话，希望他们多给他一些理解和包容。

▌▶ 常见问题与辅导策略

◆ **个案分析**：我们班某位女学生因为家人有"重男轻女"的观念，感到很自卑，我该如何跟她沟通？

◆ **辅导策略：**

　　1. 识别父母的不正确教育观念

　　女孩从小就在重男轻女的家庭中生活，肯定会被父母忽视，甚至还会被伤害。小时候女孩子认知有限，并不知道父母这么做是不对的。但是成年后的女孩子一定要认识到父母的这种重男轻女的观念是不对的，这并不是女孩子的错。

2. 不必与父母和解，但是要努力与自己和解

班主任可以告诉学生："如果父母给你带来的伤害令你无法释怀，那么现阶段不必非要与父母和解，但是一定要努力与过去那个不被爱的自己和解。让父母去改变，那可能会很艰难，但是可以依靠自己的力量去接受过去那个不被爱的自己。看到过去那个无助而孤独的自己，接受不被爱的自己，正视自己的需要，并细心呵护那个需要爱的自己，给自己拥抱和陪伴，以及肯定和认同。"

3. 学会爱自己

首先是善待自己的身体，锻炼身体、规律作息、科学饮食，保证自己有一个健康的身体。其次是接纳不完美的自己，即使不完美，也一样值得被爱。看到自己的优点，懂得欣赏自己，多肯定自己。最后是请正视自己的需求，每当遇到选择，要清楚地认识到不是我应该做什么，而是我想要做什么。

4. 学会拒绝别人

在重男轻女的家庭中成长的女孩一般都有讨好倾向，女孩一定要明白自己所需要的被认可不是通过他人来获得，而是来源于自己。而拒绝别人是每一个人的权利，你的拒绝并不能说明你不好。你正确拒绝别人是一种自我保护，而对对方来说并不会损失什么。这包括拒绝来自父母的控制。

班主任可以告诉学生，生在一个重男轻女的家庭中，并不是她的错。女孩在这样的家庭环境下成长，一定会受到不公平对待和不健康的教育。但是女孩可以做些什么来改善这一切，至少能够让自己的生活过得更自在些。通过自我成长、对家庭环境的正确认识、对自身能力的发掘和肯定，建立正确的观念，从而不再让自己从会受到伤害的角度去处理与原生家庭的关系，以此来逃离家庭的影响。

特殊学生处理

当班主任遇到学生有其他严重心理疾病、无法处理的问题时，要及时地告知心理老师，对学生实施帮助。

（四）实践者说

在面对有性别认同障碍的学生时，我常常不知道如何与他们交流。通过本章的个案分析，我了解到了判断的方法，以及如何理解他们，更重要的是如何引导他们学会欣赏自己和他人的优点。班会课的活动也很有趣，现场氛围很热烈，更重要的是引发了学生的深入思考，对性别刻板印象有了更深的认识。

微信扫码
- 教育心理学
- 精品入门课
- 心灵体检室
- 知识资讯站

主题2　恋爱中的尺度教育

（一）高中生的恋爱心理分析

重要他人（Significant Others）指在个体社会化以及心理人格形成的过程中具有重要影响的具体人物，而青少年时期的重要他人多为同伴。高中生由于心理和生理逐渐成熟，对异性充满了好奇，他们渴望获得情感支持，与异性交往、建立亲密关系。

随着自我意识的发展，高中生不再服从于权威，甚至用挑战权威来体现自己的与众不同。高中生在恋爱的过程中，会因为争吵、失恋等事件产生负面情绪，如果处理不当会影响学业、生活。

对于学生而言，面对恋爱中的各种问题，他们有时候会束手无策。高中生对恋爱问题认识不够全面，受到不良引导容易产生错误的恋爱观，既伤害了别人，也伤害了自己，他们需要实际帮助。

（二）主题活动篇

高中生正在经历从未成年人向成人转变的过渡阶段，一方面，情感发展的两极性仍较为明显，理智上仍是幼稚和成熟并存；另一方面，情感上更容易冲动，容易错把好感当作真爱。学生对这种行为的态度和评价也各有不同，需要在认知上给予澄清和疏导。面对青春期恋情，班主任需要引导学生做一个对情感、对自己、对他人负责任的人。本篇旨在帮助班主任引导学生思考爱和爱情的定义，理性看待青春期情感问题，树立正确的恋爱观和爱情观。

主题班会——搭建爱情宝塔

设计目标

通过知识点讲授和课堂活动的形式，帮助学生理解完美的爱情是什么样的，帮助学生思考自己的爱情观，理性看待青春期情感问题，让学生学会正向地处理两性关系，提升爱的能力。

实施步骤

★ **步骤1**：梁山伯与祝英台的相遇（10分钟）

设计意图：通过情景演绎引出恋爱主题并引导学生思考表白的利弊。学生分三幕演绎梁山伯与祝英台相遇的场景，并引出主题，引导学生思考"表白的利与弊"。

情境呈现：

第一幕：清晨，祝英台推开窗户在阳台上欣赏着牡丹花，梁山伯走过时偶然一抬头。两人相视的一瞬间……

第二幕：梁山伯在镜湖游玩，吟诗作对之时，看见了游船上欣赏美景的祝英台。一个在岸上，一个在船上，两人相视的一瞬间……

第三幕：梁山伯与祝英台走在街上，突然下雨，两人都没有带伞，一起跑进街边的屋檐下躲雨，在整理衣服上的雨水时，两人相视的一瞬间……

班主任语　同学们，《梁祝》是中国古代民间四大爱情故事之一，假如你是一位编剧，接到了《梁祝新编》的工作，接下来的故事情节你准备往哪个方向续写呢？两个人的关系会如何发展？

班主任给学生2分钟的时间讨论，然后请学生分享答案。

班主任语 刚刚请同学们分享了自己续写的故事情节，有的编剧写到了两人相互表白，把爱意说出来；有的编剧写到了两人相互都不表白，把爱意藏在心中。那么，在现实生活当中大家会如何选择呢？选择表白的同学请用双手比一个"O"，选择不表白的同学请用双手比一个"×"。

班主任在比"O"和比"×"的同学中分别请几位谈一谈自己的理由。

班主任语 同意表白的同学认为：不表白可能会成为永久的遗憾；不表白心里憋得难受；爱要及时表达；表白后有机会进一步了解对方。赞成不表白的同学认为：表白了可能会给对方造成心理压力；默默守护也是爱；如果被拒绝可能连朋友都没得做……其实，无论是否表白，大家都提到了一个字"爱"，表白是"爱"，不表白也是为了"爱"，那么如果选择爱，请先读懂爱。

★ **步骤2**：辨析爱的含义（20分钟）

设计意图：通过图片分享，让学生体验爱的感觉，引出爱的含义和方式，在案例中明确爱的含义和方式。

活动规则：

1. "爱"的联想

（1）PPT上呈现一个大大的"爱"字，让学生进行自由联想。"当你看到这个'爱'字时，你首先自由联想到了什么？"

（发散式的回答，引导学生认识到"爱"的内涵是非常丰富的）

（2）呈现一组"爱"的图片。

"在这一组图片里，你看到爱的元素了吗？这种爱的元素是如何表现出来的？"

（通过回答，让学生对爱有初步的体验，认识到爱是一种关系）

2.“爱”的诠释

（1）“爱的给予”与“爱的接受”。

（2）弗洛姆在《爱的艺术》中总结如下：爱是一种彼此之间给予对方成长的关怀。

※案例材料

小军和小雪同在学生会工作，小军十分喜欢小雪。小军说：“我对她有特别的感觉，水灵的外表、简单的个性，学习成绩、工作能力都特别优秀。”小雪说现在只想好好地学习，为两年后的自主招生做好准备，委婉地拒绝了小军的交往请求。原来小雪的父母认为女生读个中专早点出来工作就好，小雪却不这样认为，她想通过自己的努力重拾大学梦。

小军说：“我支持你的决定，我也不会落后的。”被拒绝后，小军一直没有再提此事，也没有因此去纠缠小雪。之后两个人在工作学习中相处很融洽，彼此都能淡淡地感受到一种呵护和关爱，在工作和学习上都取得了巨大的进步。终于他们双双考入了大学，虽然没有走到一起，却成了好朋友。

思考并分析：

（1）面对表白的男生，女生的做法是什么？

在表白的攻势面前，女生为什么能够理性面对？如果跟他确定关系，她的担忧是什么？表白遭到拒绝后，小军是如何应对的？

（问题的设置是层层递进的，除了分析小军和小雪是如何做出选择以及选择的原因外，教师还可以根据现实的情况进行讲解。比如，在分析完小军采取的方式是“不让自己落后”，被拒绝后“保持了对对方的尊重”的做法后，同时可以引出，现实中有些同学却只是追求与对方确定关系，而一旦被拒绝则采取了极端的方式，以及由此带来的不良后果等）

（2）他们之间有没有“爱”？如果有“爱”，结合前面提出的3个问题解释具体表现在哪里。如果没有“爱”，为什么？

既然有“爱”，那么这种关系的“爱”是不是爱情？谈谈你的看法。

（对于第一个问题，小军的"我也不会落后的""不再去纠缠这种关系"等行为都是爱的体现。对小雪也可以在此方面进行挖掘）

总结：成熟的爱应该是理解、尊重、责任、自由、正能量的。

★ **步骤3**：搭建我的爱情宝塔（15分钟）

设计意图：通过提问与互动的方式，让学生整理出理想爱情的元素（例如，尊重、相互欣赏、三观正确等），并讲解爱情三角理论，根据爱情的三个元素，结合自己整理出的理想爱情的元素，搭建属于自己的爱情宝塔。

班主任语 通过刚刚的案例分享，大家都认为小军和小雪之间有爱，但他们之间是爱情吗？接下来，请同学在硬卡纸上写下爱情的特点，每张硬卡纸上写下一个特点。写完之后，请大家观看视频，一起了解斯腾伯格的爱情三角理论。

播放视频：《爱情三角理论》。

班主任语 看完斯腾伯格的《爱情三角理论》我们明白了，爱情包含了激情、亲密和承诺。其实大家刚刚在硬卡纸上写的这些特点都包含在爱情的这三个维度里，请以小组为单位，将写好的硬卡纸收集起来搭建属于你们小组的爱情宝塔，越基层的卡片越重要。

分享：

（1）你们小组的爱情宝塔不同层级的词语是什么？

（2）为什么这样安排层级？

📖▶ **知识拓展**

斯腾伯格的爱情三角理论

美国心理学家斯腾伯格提出"爱情三角理论"，认为完整的爱情包括三个要素，即激情（生理层面）、亲密（心理层面）、承诺（社会层面）。激情是"一种着迷，个人的外表和内在魅力的呈现，而性的需要是激情体验的主导方式"；亲密是"心理上互相喜欢的感觉，包括对对方的赞赏、照顾对方的愿望、自我的展露和内心的沟通"；承诺是"做出爱另外一个人的决定以及能维持爱情关系的担保、义务或责任心"。他认为，这三个元素共同构成了爱情，缺少任何一个要素都不能称其为爱情，正如三点确立一个平面，缺少任何一个点，这个唯一的平面就不复存在。

从时间维度上，构成爱情的三种元素如下图所示，两个人一开始距离的拉近缘于激情，随后亲密关系迅速发展，承诺关系也处于缓慢上升阶段。但是，斯腾伯格认为，在亲密关系占据最主要的位置之前，真正的爱情并没有产生，这意味着维系爱情的承诺关系并没有成熟，而这一点也是爱情关系中最重要的。

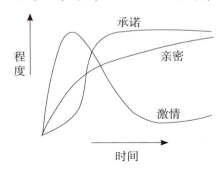

（三）个人辅导篇

▌▶ 辅导原则

当班级中有部分学生被恋爱问题困扰时，班主任应该持怎样的态度去面对他们呢？

原则1：关注学生的行为状况和心理需求，及时关爱，适宜引导

班里的学生恋爱了，班主任需要关注学生的恋爱情况。关注并不是监视学生的行踪或拷问交往的细节。关注是留心观察学生的情绪、行为状况和心

理需求，及时关爱，适宜引导。

班主任发现学生状态不好时，可以主动询问，和学生探讨恋爱中的感受和感悟。比如，询问学生："在恋爱生活中，你感觉怎么样啊？有什么限制你的生活和发展吗？在哪些方面可以做些调整？"尊重、信任和开放式的探讨可以协助学生自主思考并处理好恋爱、学习及个人发展的关系。

原则2：保持耐心，引导学生认识高中生恋爱的利弊

高中生具有一定的认知水平和判断能力，在解决恋爱问题时，应该以教育疏导为主，以便从学生的思想源头上达到治"本"的效果。青春期性教育包括性生理、性心理、性预防和性道德教育，这一系列教育对于学生正确认识自身性生理和心理发展特点、坦然面对异性、强化健康心理有着极为重要的作用，从而为他们正常的异性交往提供知识技能、道德和心理保障。班主任可以组织学生进行讨论会、辩论赛，或者召开主题班团活动，让学生理解爱情的责任与义务，了解高中生恋爱的利弊，学生会自己做出选择，知道自己该怎么做、不该怎么做。

原则3：积极沟通，从多方面关怀学生

沉迷于恋爱的学生往往来自家教严谨、父母感情不合、家庭氛围紧张或单亲的家庭，他们在家庭中得不到应有的温暖，得不到足够的理解与支持，他们的恋爱实质上是寻求情感上的补偿。这需要班主任在学生日常的学习与生活中给予他们足够的关怀、理解与温暖，还要多与家长沟通，让家长改变观念，给予孩子更多的关怀。

常见问题与辅导策略

◆ **个案分析1：** 我们班某位学生失恋后整天哭，无精打采，我该怎么办？

◆ **辅导策略：** 学生遭遇失恋是一种负性生活事件，需要时间去调

整。班主任遇到这类事件首先要安抚学生的情绪，然后再调整他们的认知，引导他们用一种未来时间观去看待目前遇到的问题。可以用同理心先安抚学生的情绪，你可以说："××，老师很理解你现在的心情，失恋确实是一件很难过的事情，你这段时间一定很难熬，也不知道跟谁说。"

等待学生情绪冷静、平稳后可以引导学生用未来时间观的眼光看待失恋这件事。例如，

（1）你可以问他："你们认识多久了？你们认识之前，你的生活怎么样？过得好不好？有没有哪些让你开心、愉快的事情？"此时，让学生转移注意力，从失恋的负性事件转移到相识前的生活。

（2）引导学生发现自我价值，树立信心："在你们认识的这段时间，你在哪些方面比对方做得好？可以说说吗？"

（3）明确原因："你觉得为什么他选择离开你或者拒绝你呢？你可以通过哪些方面的改变去提升自己？"

（4）用未来时间观引导学生将注意力放在以后："你现在16岁，就算只活到80岁，你还有60多年的人生，你还会去更多的地方，遇到更多的人。"

（5）总结："离开是为了过更好的生活，有更多的选择。"

◆ 个案分析2：我们班某位学生，想向对方提出分手，又担心伤害对方，十分犹豫，我该怎么办？

◆ 辅导策略：作为班主任，如果有学生向你求助，你可以这样建议她：

（1）放下情绪，明确自己真实的分手理由。班主任可以引导学生明确自己的想法："为什么想分手？不可调和的矛盾是什么？"

（2）鼓励学生真诚地说出自己的想法。明确想法后，班主任可

以鼓励学生向对方明确说出自己的想法，不要求对方能完全理解，至少让自己释怀，不过度内耗。

（3）分手时温柔以待，真诚道歉，认真回答对方的疑问，重点解释自己的分手理由，不需要过分强调对方的过错。

（4）引导学生思考这段关系带给自己的成长和收获。

知识拓展

人类时间观

美国心理学家菲利普·津巴多关于人类时间观的研究指出，不同的人内心对于自己的过去、现在与未来有着不同的态度，这种态度会决定他当下的行为，而当下的行为产生的结果及生活经历又会日积月累地对他如何看待过去、现在与未来的态度产生影响。津巴多将人们对过去、现在与未来的态度称为"时间观"。

拥有"未来时间观"的人，习惯于往前看，他们具有前瞻性，会为未来谋划，更关注有待完成的目标和任务。为了完成未来的目标，他们愿意舍弃当下的享乐，对时间更有效地利用，因而在学习、生活与事业方面更容易取得成就。

（四）实践者说

作为一名新手班主任，学生的恋爱问题往往很难处理。该主题中设置的活动为学生提供了一个很好的指导，可以引导学生理性看待青春期情感问题，树立正确的恋爱观和爱情观。

第八单元

职业生涯规划

主题1 共赴职业兴趣探索之旅

（一）高中生职业兴趣现状

在高中阶段，学生不了解各职业，对未来缺少规划是一种普遍现象。在升学压力面前，学生难以关注到更长远的事。所以，此时需要班主任通过一系列活动，引导学生认识不同职业，初步培养其职业兴趣，为人生规划与发展打下坚实的基础。

目前，高中生在职业兴趣上出现的主要问题有职业兴趣缺乏、职业了解不足、自我探索能力不足等。

下面就让我们一起来看看怎样帮助学生找到职业兴趣所在吧！

（二）主题活动篇

个人的职业生涯规划对大学专业选择有重大影响，职业兴趣是兴趣在职业上的体现，成为个人进行职业生涯选择的重要依据。当个人的职业兴趣与职业相匹配时，其能力和潜力才能够得到更充分的发挥。对于学生而言，尽早探寻与发掘职业兴趣也能够帮助他们在学业上树立目标。很多学生还意识不到职业兴趣探寻的重要性，对不同职业存在误解。如何帮助学生尽早发现自己的职业兴趣所在，加深学生对不同职业的了解呢？本篇旨在帮助学生认识职业兴趣的重要性，引导学生培养自己的优势兴趣，为职业理想的树立与职业选择打下基础。

现在让我们一起来开展主题活动吧！

主题班会——我的职业兴趣探索之旅

设计目标

通过教师讲授、学生讨论与课堂测试结合的形式，帮助学生了解各种职业、自身的职业兴趣类型，发掘兴趣职业，能够根据职业的需求不断完善自身，为今后的职业选择做好准备。

实施步骤

★ 步骤1：职业大盘点（10分钟）

设计意图：让学生以讨论的形式，在组内讲出尽可能多的职业，以及该职业的日常工作，并通过教师的解释，帮助学生澄清对不同职业的误解。

班主任语 同学们在结束高中生涯后，即将进入大学，随后迈入社会，这时候就需要我们选择一份职业开始工作。现在请同学们在小组内讨论并分享自己所了解的职业，以及该份职业的具体工作内容。

★ 步骤2："话"职业兴趣（10分钟）

设计意图：通过教师讲述，帮助学生了解兴趣与职业兴趣的异同，了解职业兴趣对职业发展的重要性，使学生明白，当职业兴趣与职业选择相匹配时，个人能够在职业上取得更好的发展，并使学生通过思考和相互交流，结合自身的成长经历，发掘职业兴趣。

班主任语 著名导演李安在早年间出于个人兴趣，不顾家人反对，报考了台湾艺专（台湾艺术大学）影剧科。尽管中途有过事业低谷，但是靠着个人对电影的热爱和对艺术的追求，李安创作出多部影响深远的电

影，并荣获奥斯卡终身成就奖。当职业兴趣与职业高度匹配时，就诞生了这位"华人导演第一人"。

> 班主任语 可能很多同学还没有思考过自己喜欢什么，未来要选择什么职业，但是尽早挖掘出自己感兴趣的职业对我们日后的职业规划大有裨益。接下来请同学们结合自己的能力优势与成长经历，用几分钟的时间思考自己的兴趣职业，并在组内相互交流分享。

★ 步骤3："探"职业兴趣（10分钟）

设计意图：使用霍兰德职业兴趣量表，通过量表的形式帮助学生找到自身的职业兴趣类型（社会型、企业型、常规型、实际型、调研型、艺术型），为未来的职业选择与规划打下基础。

> 班主任语 仅仅有职业兴趣是不够的，我们还需要根据职业兴趣找到切实可行的发展路径。

★ 步骤4："画"职业兴趣（10分钟）

设计意图：使用思维导图的形式，将感兴趣的职业所需要的能力、证书、学历等要求画出来，同时通过职业兴趣工作纸的填写，找到为达成职业目标需要提升的方面。

> 班主任语 职业兴趣既推动人做出职业选择，也推动人在职业上不断发展。希望同学们能够根据自己的职业兴趣，找到努力方向，不断完善自己，完成从兴趣到职业的蜕变。

※实用工具

我的职业兴趣
班级：　　　　　　　　　　姓名：

我的职业兴趣思维导图：

我的职业兴趣类型是：（社会型\企业型\常规型\实际型\调研型\艺术型）

我感兴趣的职业是：

我的能力优势有：

我该在哪些方面继续努力：

团体活动——畅游职业兴趣岛

▶ 设计目标

旨在通过互动和创作的方式，帮助学生认识和探索自己的职业兴趣，并将职业兴趣转化为职业目标，推动学生朝向职业目标发展自身。

活动准备：彩笔、课件、卡纸、卡片（职业）。

活动时间：80分钟。

▶ 实施步骤

★ **步骤1**：你演我猜（10分钟）

设计意图：通过游戏调动学生的积极性；通过表演不同的职业，引出职业与职业兴趣这一主题。

活动规则：班主任事先准备好卡片，卡片上的内容为各种职业。在班级里选择一名学生作为表演者，其他学生负责猜测卡片的内容。要求只向表演者出示表演内容，并且不能够通过言语传达。

> **班主任语** 相信有很多同学已经发现了，卡片的内容都与职业有关。影响我们未来职业选择的因素有很多，如职业兴趣、职业前景、个人能力等，今天就让我们一起来探索职业兴趣。

★ **步骤2**：职业兴趣岛（15分钟）

设计意图：通过"职业兴趣岛"的活动形式，让学生发现自己的职业兴趣类型，为未来的职业选择提供指导。

活动规则：

（1）告诉学生："现在你获赠了一次免费的度假机会，有以下几个岛屿供你选择：R岛拥有最美的自然风景，岛风淳朴；I岛学术之风盛行，居民们都喜欢交流学习，岛上的图书馆、博物馆等一应俱全；A岛的艺术气息浓厚，居民们对绘画和舞蹈等艺术感兴趣；S岛的居民亲切友好，人人都能和谐相处；E岛是出了名的富庶，岛上的居民以企业家居多；C岛是现代化的都市岛屿，岛上的居民的组织规划能力强。"

（2）让学生举手示意想去的岛屿。（社会型\企业型\常规型\实际型\调研型\艺术型）

（3）向学生解释"R岛代表实际型；I岛代表调研型；A岛代表艺术型；S岛代表社会型；E岛代表企业型；C岛代表常规型"，并出示课件解释各类型的人所适合的职业。

班主任语 接下来请选择同一岛屿的同学为一小组，共同完成兴趣岛的绘制工作。

★ **步骤3**：岛屿宣传图（40分钟）

设计意图：通过岛屿宣传图的绘制，引导学生发掘不同兴趣岛上的人有不同的特点，归纳出职业兴趣类型，并由此进一步明确学生的职业兴趣。

活动规则：

（1）告诉学生，"现在岛屿的旅游已经接近尾声，作为免费旅游的代价，你需要为这座岛屿绘制宣传册，以提高岛屿的知名度，吸引更多的游客"。

（2）让学生以小组为单位，在卡纸上绘制岛屿的宣传图，宣传图的内容包括画出岛内的标志物，归纳出岛内人的共同特点、爱好活动，写上每位学生的兴趣职业。

（3）班主任邀请各组学生分享。当分享完成后，出示各类型的职业兴趣岛对应的特点，询问学生是否准确，如果有学生回答不准确，则进一步询问："那你第二感兴趣的岛屿是什么？选择这个岛屿的同学的描述是否与你相符，你是否愿意去这个岛屿？"

班主任语 各位同学都找到了自己最想去的岛屿，完成了这一次旅行，并帮助

各个岛屿绘制了宣传图。各个岛的岛主对各位同学非常满意，决定对在场的各位开放签证，然而，大家需要上交申请才能够获得签证。

★ **步骤4：再游兴趣岛（15分钟）**

设计意图：班主任通过让学生在申请表中写出目标岛屿、职业目标、已拥有的能力、如何进一步达成职业目标，将目前与未来职业目标相联系，推动学生朝向职业目标发展自身。

班主任语 各岛主已经收到了各位同学的申请，每个人的申请都写得很好，所以所有的同学都得以再次游玩各个岛屿。各岛主也衷心祝愿大家能够不断按照申请签证时所写的那样努力，最终获得岛屿的永居卡。

（三）个人辅导篇

辅导原则

当班级中学生出现职业兴趣问题时，班主任应该持怎样的态度去面对他们呢？

原则1：尊重学生

很少有学生能够提前发现自己的职业兴趣，并且坚定未来的职业选择。有些学生对自我的探索不足，不清楚自己的兴趣究竟在何处，未来该做怎样的规划，有些学生不愿意花时间探索，这都是很常见的现象。班主任要尊重并理解每一位学生，之后再不断引导。

原则2：鼓励学生

职业兴趣问题背后潜藏着学生自主探索能力不足的问题，班主任需要解决的不仅是表面的职业兴趣问题，还要以此为契机，发展学生的自我探索能力。由此，班主任可以鼓励学生自行寻找职业信息，不断进行自我挖掘，在问题解决过程中提升能力。

常见问题与辅导策略

◆ **个案分析1：** 我们班某位学生缺乏寻找职业兴趣的动力，认为只要考个好的分数，跟着分数选择专业和职业就行，作为班主任，我该怎么办？

◆ **辅导策略：** 学生面对着巨大的升学压力，缺乏寻找职业兴趣的动力是很正常的。我们可以采取以下措施。

1. 找出原因，畅想未来

了解学生没有动力的原因是什么，通常情况下，学生的回答会是学业任务太重。由于学生过于焦虑，所以很难思考除了学习之外的事。班主任可以引导学生对未来进行畅想，在畅想时，情境设置要尽可能具体且贴近生活，如"20年后某一天你起床，屋顶是什么颜色""你工作的地点在哪里"等。

2. 树立榜样，激励学生

有些学生没有意识到职业兴趣的重要性，所以才没有动力探索，可以呈现同校、同班的相关事例，为学生树立榜样，激励学生。配合教师的说明，让学生明白，职业兴趣的确定不仅有助于事业发展，还有助于现阶段的学习。

◆ **个案分析2：** 我们班某位学生说想了很久，还是不知道未来该做什么，觉得对什么都没有兴趣。作为班主任，我该怎么办？

◆ **辅导策略：** 在高中时期，学生会不断思考"我是一个什么样的人""我想成为什么样的人""我将来想做什么"，这些问题会影响职业兴趣的确立。有些学生可能很认真地做出了探索，但是迟迟找不到答案。此时，班主任可以采取以下措施。

1. 肯定学生的努力

学生积极探索职业兴趣，是值得肯定的事，但是探索过程并不是一蹴而就的，班主任可以告诉学生："虽然你还没找到感兴趣的职业，但是老师看到了你的努力和付出。职业兴趣找寻是一段漫长的路，有些人比较幸运，很快就找到了，但是大多数人的目标都没有那么清晰，需要不断探索。"

2. 布置课后任务

可以要求学生在课后去了解各职业以及工作内容，学生在信息收集的过程中更容易发现自己的职业兴趣所在。

3. 鼓励学生参与实践

学生"对什么都缺少兴趣"，可能是因为没有直接接触各类职业，对其工作内容、工作强度、工作环境都不了解。鼓励学生在平时多参与志愿者活动，暑期可以适当参与实践，推动学生在实践中找到兴趣所在。

（四）实践者说

在上课前，我在班上做了一个简单的课前小调查，发现班上的大多数学生都没有想过未来职业选择的问题，他们告诉我，"只要努力考个高的分数，到时候根据分数再进行选择就行了"，因此在上课时，我着重强调了职业兴趣对职业发展的影响，并给出了具体的案例。不少学生被案例激励，在课堂上积极配合。学习是达成职业目标的重要途径，高考是达成职业目标的重要环节，然而我不希望学生将高考作为最终目的。当学生完成高考后，还会有下一站等着他们，我希望那时候的他们是做好准备的。

主题2　职业选择与生涯规划

（一）找准发展的"风向标"

由于升学的压力，许多学生在埋头苦读的同时，忽略了此阶段探索各项事物的重要性，他们对自己在职业生涯发展中的优势与劣势一无所知，对未来彷徨无措，最后常常只能随波逐流。所以，在学生发展的过程中，班主任应该发挥引领作用，引导学生去探索自我发展的兴趣，发现自己的优势特长，使学生在兼顾课业之余，不仅能选择职业发展大方向，并系统地、有步骤地规划自己的未来发展，也能通过社团活动、职业体验、综合实践等来培养相关能力，从而实现高中所学和大学所要的有机衔接。

（二）主题活动篇

对于学生而言，初高中阶段的主要精力仍投入在学习上，缺乏对职业发展的认识和探索，缺少对学校、专业的了解，导致学生升学后缺少学习兴趣和主动性，所以从学校教育层面加强职业生涯教育显得极为必要。随着教育改革和教学理念的发展，越来越多的教师认识到职业生涯教育对学生的重要性，认识到对职业的提前选择与发展规划对个人发展的重要意义。但是，当前许多教师仍停留在"知"的层面，而不知如何"行"，不知如何在班主任日常工作中开展职业生涯教育，引导学生建立职业选择和成长意识。接下来，我们就一起来看看班主任开展学生职业生涯教育的具体方法吧！

◦ ◦ ◦ ◦ ◦ **主题班会——我的过去、现在、未来** ◦ ◦ ◦ ◦

📖▶ **设计目标**

旨在通过开展活动与讨论让学生了解自己、认识自己，并在此基础上进行初步的畅想，从而明确未来的方向和目标，树立积极向上的人生理想。

📖▶ **实施步骤**

★ **步骤1**：课程导入（5分钟）

设计意图：激发学生兴趣，提高学生的课堂参与度和独立思考能力，引出本节班会课的主题。

活动："蛋的成长"。

规则：（1）所有人都蹲下，扮演鸡蛋。（2）相互找同伴猜拳，获胜者进化为小鸡，可以站起来。（3）小鸡和小鸡猜拳，获胜者进化为凤凰，失败者退化为鸡蛋，然后鸡蛋和鸡蛋猜拳，获胜者才能进化为小鸡。看看谁是最后一个变成凤凰的人。

注意事项：指定凤凰的区域在教室前面，晋升后的"凤凰"面向游戏场地，按晋升顺序依次站好。

| 班主任语 | 刚才一个小小的游戏，同学们感受到了一只小鸡的过去、现在与未来，也体会到了一枚鸡蛋的成长过程，更看到了只要我们努力，小鸡是有机会变成凤凰的。小鸡的成长是否也让同学们想到了自己的成长呢？在平日里，你有回忆过你的过去，思考过你的现在，展望过你的未来吗？今天这堂课我们就一起来讨论下这个话题：我的过去、现在和未来。 |

★ **步骤2**：我的过去与现在（15分钟）

设计意图：学生通过描绘并比较过去与现在的自己，感受自己的成长和变化，更好地认识自我，并感受到时间的重要性。同时提高学生在下一环节中对自己的未来做设想时的信心。

班主任语　刚才游戏中小鸡的过去是一枚圆圆的鸡蛋，那我们的过去是怎样的呢？你是否还记得呢？比如，是否还记得过去5年中的那些片段，是否还记得5年前自己的样子？

思考：（1）5年前的自己是什么样子？（2）5年前的自己是怎样生活的？

班主任语　请将5年前的场景以自己喜欢的形式将它描绘出来（最能展现5年前你的生活、学习状态的场景）。再请大家看看现在的自己，看看自己现在的生活、学习状态，以同样的形式描绘在第二张画纸上。请对照两幅自我描绘，看看5年来自己的变化。画完后在小组内分享交流，然后我请同学们谈一谈看到自己变化的感受。

★ **步骤3：我的未来（18分钟）**

设计意图：通过活动让学生明晰自己未来想过什么样的生活、从事什么样的职业，同时，让学生认识到目标的重要性，认识到只有把握当下才能更好地实现未来。

班主任语　同学们，刚才我们看到了自己过去5年的巨大变化，那未来的5年、10年我们又将发生怎样的变化呢？我们的未来又会是怎样的呢？就让我们乘坐时光机去我们的未来看一看吧！

放松指导语：

请同学们尽可能地放松，使你自己能舒服地坐在椅子上，现在，闭上眼睛并完全放松自己，舒缓你的呼吸，感觉身体还有哪些地方紧张，请放松、放松、放松……我们每个人都是从过去走到了现在，又将从现在走向未来。现在我们乘坐一架时光机走向未来，一条人生的大路向我们慢慢地展开，路上你会看到一些我们曾经向往的事情变成现实。

现在，你看见了5年后的自己，这时你多大了？

请尽量想象这样一个场景：这是一个清晨，一缕阳光透过窗帘照在你的床上，你在舒适的被窝里醒来，环顾四周，看着这熟悉又陌生的房间，周围还有别人吗？还是只有你自己？你的心情如何？你慢慢走下床，来到衣柜面前，你打开了衣柜，今天想穿什么呢？你的左手边有一面镜子，你转过身看着镜子里的自己，你从头到脚地打量着自己，你的打扮如何？仔细地观察你自己，你的发型、你的脸、你的表情，看得越仔细越好。

你出门准备去上课，你准备使用交通工具还是步行呢？你周围有些什么人？大约过了多久，你到达了你的目的地，这是一个怎样的地方？在哪座城市呢？周围有哪些人？他们是怎么称呼你的？你开始了一天的学习，此刻你在做些什么？你的心情怎样？到中午了，该吃饭了，你会和谁一起共进午餐呢？还是自己一个人吃？今天下午没有课，你准备做些什么呢？

一天快结束了，你来到了卫生间，这里也有一面镜子，仔细观察镜中的自己，与早上的自己有什么不同？你对自己满意吗？此刻的心情怎么样？

时光机继续向未来开去，转眼就到了大学毕业的几个月后，此时，你在哪里，正在做什么，已经有工作了吗？是继续读书，还是从事什么职业？你还有1分钟的时间，仔细打量自己。1分钟之后，时光机将启程返航，到时候我会叫醒你。现在我开始数数，当我从5数到1时，大家就可以睁开眼睛了。

班主任语 好了，你回来了……开始看看周围的一切，请你不要说话，拿出你的'生涯幻游卡'，用画笔和文字把刚才的旅途心境与感受描绘出来。你有10分钟的时间，在圆圈内作画，完成后在小组内分享讨论。

※实用工具

生涯幻游卡

1. 我在进行幻游时，印象最深刻的画面是：

2. 对比与现在环境最大的不同点是：

3. 我认为我未来会从事什么职业，过什么样的生活：

4. 我准备如何把握现在（结合现在的生活与学业），以更好地实现未来：

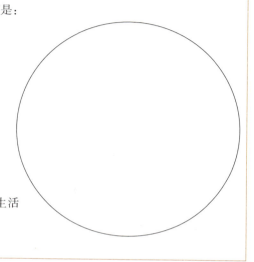

　　分享：你对未来的自己满意吗？如果按照目前的状态、现有的人生轨迹，你能成为旅程中的自己吗？我应该如何做才能成为理想中的那个自己？

班主任语　没有目标，我们会茫然不知所措，但只有目标，没有实际行动，一切皆为空谈。

　　★ **步骤4：总结（2分钟）**

班主任语　生涯规划就是规划人生的远景，彩绘生命的蓝图，希望同学们通过今天的学习都能够在日常的学习生活中挖掘自己的长处，发挥自己的才能，写出人生的精彩剧本。

（三）个人辅导篇

辅导原则

　　当班级中的学生主动找到我们，希望我们提供职业生涯指导时，我们应

该秉持怎样的原则？

原则1：客观中立

只有当学生把班主任看作可以信赖和尊敬、可以交流思想并能获得帮助的朋友时，学生才会敞开胸怀向班主任吐露真情并取得良好的指导效果。反之，如果班主任不尊重学生的人格，不把学生当作一个具有一定个性的独立的人看待，而采用"管理者"的姿态对学生进行压服，甚至采用简单粗暴的态度和方法对待学生，就必然会引起学生严重的逆反心理和闭锁心理，从而拒绝接受职业生涯规划指导的帮助。有些学生会表达自己的职业理想，这时班主任应该先秉持中立的态度，对学生的职业理想进行评判，不要引入自己的主观认识。在接纳学生的想法后，再做适当引导。

原则2：围绕学生展开

职业生涯规划指导的主要目的是帮助学生建立自己的生涯规划。因此，我们不能以"万事通"的姿态代替学生解决问题，而是从旁引导学生思考和领悟，并建立自己的生涯规划。围绕学生展开的另一个要点是，要学会挖掘学生的自身潜能、内在资源、外在支持，让他们基于现有的条件去构建自己的生涯规划。具体到职业生涯规划指导过程，班主任要善于引导学生通过一些小事情上的努力所获得的成功，使学生看到自己行动的实际效果。这样，累积的成功会使学生信心十足，去迎接更大的困难与挑战，从而逐步培养他们自信、自立、自强的健康人格，朝着自己的目标迈进。

原则3：渐进具体

渐进具体原则要求班主任根据学生的实际情况和认知规律，分步骤、分层次、具体地对学生进行恰当的职业生涯规划指导。职业生涯规划指导是一项系统工程，是一个由浅入深的指导过程，不能急于求成。我们可以引导学生建立长期（5年）、中期（3年）和短期（近期）的规划，并进一步引导学生思考自己怎样做才能达成目标，从而帮助学生制订可行、渐进和具体的生涯规划。

常见问题与辅导策略

◆ 个案分析1：有很多学生想着以后通过打游戏或者做主播的方式赚钱，遇到这种情况我应该怎么办？

◆ 辅导策略：

1. 共情学生的感受

我们需要共情学生的感受，理解学生在面对学业压力时的不自信，理解他们愿望背后是想要靠自己擅长的事情另寻出路的期待。当我们传达出这种想法后，学生会放下防御心，不再固执己见，也愿意和我们沟通了，就有了引导他们的机会。

2. 平等对话，引导思考

想要学生听我们的话，我们首先要知道他们想的是什么，做到知己知彼。听听学生对打游戏或做主播等赚钱方式的理解，引导他们思考，走这条路有什么好处，有什么弊端，有没有什么困难等。同时我们也要让学生了解选择的重要性，如果现在就下定决心打游戏或做主播，会对未来产生什么样的影响。拓宽学生对职业的了解，他们也许会认识到其中的困难，从而放弃选择。

3. 挖掘学生的长处

每个学生都会有自己的优点，作为班主任，可以挖掘学生日常学习生活中的闪光点，对学生进行鼓励，引导他们将注意力转移到其他方面并持续提升与发展，一步步地建立起学生的自信。

4. 家校联手，合力共育

班主任需要与学生家长沟通，建议家长切忌用粗暴的方式管教孩子，希望家长配合学校，共同帮助学生建立正确的、对学生发展有益的生涯规划。

◆ 个案分析2：学生自述对未来职业比较迷茫，这种情况下我应该如何帮助他？

◆ 辅导策略：

1. 自我评估

可以先帮助学生进行自我客观评估。只有通过自我评估，深刻地认识和了解自己，才能对未来的职业生涯做出最佳抉择。如果忽略了自我评估，所做的职业生涯规划很容易中途夭折。

可以从以下几个方面引导学生进行自我评估，包括兴趣、气质、性格、能力、特长、学识水平、思维方式、价值观、情商以及潜能等。简言之，要清楚"我是谁，我想做什么，我能做什么"。当然，一个人对自己的认识往往是片面的，所以在自我评估中还可以加入你对他的评价和意见。

2. 职业环境分析

职业环境因素对职业生涯发展的影响是巨大的。作为社会生活中的个体，我们要帮助学生顺应职业环境的需要，趋利避害，最大可能地发挥学生个人的优势。

职业环境分析包括对社会政治环境、经济环境和组织（企业）环境的分析。要评估和分析职业环境条件的特点、发展与需求变化的趋势、自己与职业环境的关系以及职业环境对自己的有利条件和不利因素等。要清楚自己在这种职业环境条件之下究竟能做什么，这样职业生涯规划才会切实可行，而不致流于空泛。

3. 职业生涯规划的制订和实施

制订个人职业生涯规划，是为了实现某种职业生涯目标，进而获得自己理想的生活，所以目标抉择才是职业生涯规划的核心。学生可以首先根据个人素质与社会大环境条件，确立人生目标和长期目标，然后将目标分解、分化成符合现实和组织需要的中期、短期目标。

引导学生制定相应的行动方案来实现目标。实施策略、措施要具体可行，容易评估，应包括职业生涯发展路径、学习安排、时间计划等方面的措施。

4. 反馈调整

现实社会中种种不确定因素的存在，会使我们与原来制定的职业生涯规划目标有偏差。所以，在和学生谈话结束前，要引导他们建立自我反思意识，让他们在实践过程中不断地反思并对规划的目标和行动方案做出修正或调整，从而保证生涯规划的最终实现。从这个意义上说，反馈调整就是一个再认识、再发现的过程。

（四）实践者说

职业生涯教育就像在学生心里埋下一颗职业发展的种子一样，能让他们建立职业选择和成长的意识，对他们的未来发展具有重要意义。通过这节内容，我知道了作为一个班主任我应该怎样帮助学生制订生涯规划，有了明确的步骤和方法，下次学生找我求助时就能做到有的放矢了。

微信扫码
✅ 教育心理学
✅ 精品入门课
✅ 心灵体检室
✅ 知识资讯站

扫码成为
美丽心灵的
守护者

教育心理学
理解学生心理特点
找到正确教育方法

精品入门课
基础入门课程
培养心理学思维方式

心灵体检室
心理测评工具
了解学生心理健康状态

知识资讯站
心理学相关知识拓展
全面丰富知识体系